개정 누리과정과 유치원 평가를 기초로 한

# 교직실무

이 혜 정 · 정 경 미

창지사

# 머리말

교사는 유아를 교육하는 전문가이다. 교직에 따른 직무 수행에 있어 교육과정 경영, 하루 일과 경영, 행정 및 유치원에서 교사의 전문성을 요구하는 부분은 매우 다양하다. 이러한 부분에 있어 교사는 전문가로서의 자세를 갖추어야 하며 바람직한 가치를 바탕으로 실천적인 기술을 습득한 교사가 되어야 한다.

예비유아교사는 전문성을 가지고 교직실무에 임할 필요가 있다. 전문성은 실무에 있어 현재 교육계 및 현장에서 다루어지고 있는 전반적인 사항을 알고 있을 때 발휘될 수 있다. 이에 본서에서는 일반적인 교직실무에 대한 내용뿐만 아니라 2019 개정 누리과정과 유치원 5주기 평가를 중심으로 교직실무에 대한 내용을 다룸으로써 현장에서 이루어질 수 있는 유아교육 실무를 중점적으로 다루고자 하였다.

번저 5주기 유치원 평가에서는 첫째, 유아중심 교육과정 및 방과 후 과정, 둘째, 민주적 유치원 운영, 셋째, 안전하고 쾌적한 교육환경 및 유아를 위한 건강 · 안전이 이루어지고 있는지에 대해 평가한다. 이에 따라 본서에서는 평가지표에 따라 교직실무 지표를 다시 구성하였고, 유아중심 교육과정에 있어 교육과정 실무를 2019 개정 누리과정에 맞추어 서술하였다.

이 책의 내용은 총 12장으로 구성되었다.

PART 01 교직 이해에서는 전반적인 교직에 대한 이해를 돕고자 하였다. 1장에서는 교직에 대한 개념 및 입문과정을 서술하였다. 2장에서는 교직을 수행하는 교사로서의 복무규정 및 교직 윤리를 서술하였다. PART 02 교직 영역에서는 평가영역에 대한 전반을 다루고자 하였다. 3장에서는 교직실무를 위한 계획, 4장에서는 신학기 준비에 필요한 내용, 5장에서는 교육과정 운영, 6장에서는 학급 운영, 7장에서는 행사 운영, 8장에서는 대인관계 및 지역사회 협력, 9장에서는 환경 구성, 10장에서는 건강 및 안전에 대해 알아보았다. PART 03 교직실무에서는 위의 내용들을 전반적으로 문서화 하는 과정 및 행정업무에 대해 서술하였다.

위의 내용은 교직실무를 감당하는 데 있어 지식적인 측면과 실제적인 측면이 포함되어 있다. 무엇보다도 유치원 평가의 주요 내용은 유치원에서 책임 있게 감당해야 할 실무적인 내용을 다루고 있기 때문에 평가를 중심으로 정리를 함으로써 실제 기술을 향상하는 데 도움이 될 것이라 생각한다. 이 책으로 공부한 학생들이 유치원 현장을 바르게 이해하고 자신에게 주어진 실무를 책임 있는 모습으로 감당하는 교사가 되기를 바란다.

2021년 7월

저자 일동

# 차례

PART

# 1

# 교직 이해

# 제1장 교직 입문

교직실무라는 과목은 유치원 교사로서 가져야 할 윤리적 측면과 함께 유치원에서 일어나는 전반적인 교사의 직무에 대한 부분을 다루는 과목이다. 이 장에서는 교직과 교원으로의 입문에 대해 알아보고자 한다.

**관련자료 : EBS** https://youtu.be/DyZH46igHpE

<생각해 보기>

유치원 교육이 중요하다고 생각하나요?

# 1. 교직실무 개념

## 1) 교직

교직이란 국어사전에 의하면 학생을 가르치는 직업이나 직무를 의미한다. 학교제도가 생겨나면서 학생을 가르치는 직업으로 교사가 생겨났고, 국가가 공인한 교육기관에서 학생을 가르치는 직무를 교직이라 한다.

## 2) 유치원 교사

한국표준직업분류에 따르면 대분류에서는 전문가 및 관련 종사자 속에 포함되고, 중분류에서는 교육 전문가 및 관련직, 소분류에 유치원 교사로 분류되어 있다. 세부적으로 살펴보았을 때 유치원 교사는 교육에 중점을 맞추어 분류되어 있으며 보육교사는 보건복지에 중점이 맞추어져 있으므로 한국표준직업분류에서는 유치원 교사와 보육교사를 다른 초점으로 보고 있다는 것에 대해 알 수 있다. 그럼에도 불구하고 동일 연령의 유아를 교육하고 발달의 특성상 돌봄이 함께 이루어짐에 따라 유치원 교사와 보육교사를 유아교사로 통칭하기도 한다.

〈표 1-1〉 한국표준직업분류

| 대분류 | 중분류 | 소분류 | 세분류 |
|---|---|---|---|
| 전문가 및 관련 종사자 | 교육 전문가 및 관련직 | 유치원 교사 | 유치원 교사 |
| | | 기타 교육 전문가 | 기타 교사 |
| | 보건 · 사회복지 및 종교 관련직 | 사회복지 관련 종사자 | 보육교사 |

출처 : 통계청 홈페이지(http://kostat.go.kr) 한국표준직업분류 제7차 개정안.

또한 한국고용직업분류에 따르면 대분류에서 교육, 법률, 사회복지, 경찰 소방직 및 군인에 포함되어 있고, 중분류에 있어 교육직으로 분류되어 있으며, 소분류에서는 유치원 교사가 설정되어 있다. 그에 따른 유치원 교사의 주요 직무 개요를 살펴보면, 유치원에서 취학 전 아동의 지적, 정서적, 사회적, 육체적 발달을 위한 제반 교육 활동을 진행하고 지도하는 업무로 나타나 있다.

〈표 1-2〉 고용노동부 직업 분류

| 대분류 | 중분류 | 소분류 | 세분류 |
|---|---|---|---|
| 교육 · 법률 · 사회복지 · 경찰 · 소방직 및 군인 | 교육직 | 유치원 교사 | 유치원 교사 |
| | | 문리 · 기술 · 예능 강사 | 학습지 · 교육교구 방문강사 |
| | | 장학관 및 기타 교육 종사자 | 교사보조 및 보육보조 서비스 종사원 |

출처 : 고용노동부 홈페이지 (http://www.moel.go.kr/)

즉, 유치원 교사는 취학 전 유아를 대상으로 전반적인 발달의 제반 교육을 진행하고 지도하기 위해서는 다양한 업무를 할 수 있어야 한다. 이러한 주요 업무는 유치원 실무와 연결지어 볼 수 있다.

### 3) 교직실무

교직실무란 교직에서 이루어지는 실제의 업무나 사무를 지칭하는 것으로, 유치원 교직실무란 유치원 교사가 해야 하는 실제 업무를 의미한다. 교직실무라는 교과는 교육인적자원부(2007)에서 교사자격 취득에 대한 세부 기준을 고시하면서 교직 소양의 필수과목으로 지정하였고, 이에 따라 교직실무 교과는 유치원 교사 자격증을 취득하기 위한 필수 교과가 되었다.

유치원 교사로서의 주요 업무는 유아에 대한 보호자이며 양육자, 안내자, 지원자 등의 역할과 동시에 교육과정을 계획하는 계획자이며, 교육 내용에 대한 자료를 준비하는 준비자이다. 또한 교육을 진행하는 진행자이고, 교육이 전반적으로 잘 이루어졌는가에 대한 평가자이다. 이러한 측면에 있어 유치원 교사는 첫째, 유아의 인지발달과 사회성 증진을 위해 사회교육, 언어교육 등을 지도한다. 둘째, 유아들이 건강한 생활을 할 수 있도록 기초체력을 기르고, 건강한 생활습관을 가지도록 개인위생에 관한 내용과 자기보호 등에 관한 교육을 한다. 셋째, 자연환경 및 사회적응력을 키우기 위한 견학, 소풍 등의 지도를 한다. 넷째, 유아들의 발달 및 생활을 평가하여 학부모와 상담 및 협의한다. 다섯째, 출석부, 교육계획안, 생활기록부 등 각종 장부 및 문서를 작성 및 관리한다. 여섯째, 통학버스 사용 시 원아들이 안전하게 차량을 이용할 수 있도록 지도한다.

**토 론**

* 아래 고민을 읽어 보고 자신의 생각을 친구들과 토론해 보세요.

대학생 이야기방

이제 2학년 끝나 가는 유아교육과 학생입니다. 막연히 유아교육과에 와서 졸업을 하면 유치원 교사가 될텐데 걱정이 많습니다. 교육봉사를 해 보니 아이들과 있는 것이 괜찮은 것 같기도 한데…. 아이들과 상호작용하고 계획안 작성을 하여 아이들과 활동만 하면 될까요? 유치원에서 근무를 잘 하기 위해서는 무엇을 잘 해야 하며 무엇을 준비하면 좋을까요?

## 2. 교직관

교직관이란 교직에 대해 지각하고 인식하는 틀로, 교사직에 대하여 어떻게 인식하는가에 대한 관점이다. 실제로 교직관은 시대에 따라 변화해 왔으며, 사회에 따라 바라보는 시선이 다르다. 시대에 따라, 사회에 따라 다른 교직관은 실제 교사 역할을 수행함에 있어 기본 바탕이 되기 때문에 자신이 속한 사회에서 요구하는 교직관을 정립하는 것이 필요하다. 사회에서 요구하는 교직관이 갖는 의미에 따라, 교사의 교직관에 따라 교사가 유아를 대하는 태도는 달라질 수 있으며 교육 방법이나 학급운영 방법에 있어서도 달라질 수 있다.

역사적인 측면으로 살펴보면 고대, 중세, 초기근대시대까지는 전통적인 교직관으로, 이후는 근대적 교직관으로 나누어 볼 수 있으며, 현대적인 측면에서는 전문직 교직관의 개념을 따르는 경우가 많다. 이러한 상황에서 교직을 바라보는 관점에는 첫째, 성직관, 둘째, 노동직관, 셋째, 전문직관이 있다.

### 1) 성직관

성직관은 교직을 성직과 같이 귀하게 보는 관점이다. 역사적으로 중세, 근대사회를 거치면서 종교지도자인 성직자가 교육자의 역할을 수행해 왔기 때문에, 2차 세계대전 이전까지 성직자 및 교사는 가르침에 대한 소명이 있는 사람이 감당하는 것으로 여겨졌다. 소명이 있다는 것은 교직이 천직이며 특별한 사명을 감당하기 위한 것이기 때문에, 교직을 감당하는 교사는 유치원에서 근무할 때에 유아에 대한 사랑과 헌신, 희생과 봉사정신을 갖추어야 한다. 이러한 관점에서 성직관을 가진 교사는 근무조건이나 처우 개선과 같은 세속적인 측면보다는 윤리적인 측면을 중요시 여긴다.

### 2) 노동직관

노동직관은 교직을 노동직의 하나로 보며, 교사가 유치원에서 유아를 교육하고 돌보는 과정에서 경험하는 정신적 노동과 육체적 노동에 대한 대가로 보수를 받아야 한다고 보는 입장이다. 교사는 노동자이기 때문에 헌법과 근로기준법에 보장되어 있는 권리를 다른 노동자와 대등하게 누릴 수 있어야 한다. 교육노동자라는 관점에서 고용주인 원장과 피고용인으로서의 교사는 일에 대한 업무 정도와 그에 따른 고용조건이 적절한지에 대하여 의견이 일치할 때 근로계약이 이루어지며, 교사는 처우 개선과 근무조건 향상을 중요시 여긴다.

### 3) 전문직관

전문직관은 성직관과 노동직관의 장점을 통합하려는 교직관으로, 오늘날 일반적으로 받아들여지고 있는 교직관이다. 전문직관은 교직을 고도의 전문적인 지식과 기술을 가지고 국가가 공인한 자격증을 소유한 전문가가 헌신과 봉사적 측면으로 일하는 직업이라고 할 수 있다.

Liberman(1956)에 따르면, 첫째, 유일하고 독특한 사회적 봉사 기능 수행, 둘째, 고도의 지적 기술 요구, 셋째, 장기간의 준비 기간 필요, 넷째, 광범위한 자율권 행사, 다섯째, 전문적 자율권 범위 안에서 내린 판단이나 행동에 대한 책임감, 여섯째, 경제적 이익보다는 사회봉사 우선, 일곱째, 자치조직의 결성, 여덟째, 윤리강령의 준수 등에 대한 사항이 갖추어졌을 때 전문직의 조건을 충족하였다고 할 수 있다. 이러한 전문성은 실제 전문지식에 따른 교육이어야 한다. 전문직관에 따른 교사는 유아를 가르친 것에 대한 대가로 보수를 받지만, 교사의 윤리성이 요구된다. 따라서 전문직관에는 교사의 윤리성, 노동성의 속성이 함께 존재한다고 할 수 있다.

**퀴즈**

**다음은 어떤 교직관에 가까운 선생님일까요?**

엄마들이 제가 퇴근한 후에도 문자를 하거나 전화를 하는 경우가 있어요. 저는 퇴근을 하였을 때 연락 오는 것을 받고 싶지 않습니다. 제가 근무하는 시간 안에서는 최대한 열심히 하겠지만, 그 외의 시간까지 부모님들과 연락을 할 필요는 없다고 생각해요.

정답 :

# 3. 교원

## 1) 교원

「유아교육법」 제20조에 따르면 교원은 원장, 원감, 수석교사(주임교사) 및 교사로 구분할 수 있다. 이에 따르면 유치원에는 교원으로 원장 · 원감 · 수석교사 및 교사를 두되, 대통령령으로 정하는 일정 규모 이하의 유치원에는 원감을 두지 아니할 수 있다. 교원에 대한 직무는 다음과 같다.

(1) 원장 – 원무를 총괄하고 소속 교직원을 지도 · 감독하며 해당 유치원의 유아를 교육한다.

(2) 원감 – 원장을 보좌하여 원무를 관리하고 해당 유치원의 유아를 교육한다. 원장이 부득이한 사유로 직무를 수행할 수 없을 때에는 그 직무를 대행한다.

(3) 수석교사(주임교사) – 교사의 교수 · 연구 활동을 지원하며, 유아를 교육한다.

(4) 교사 – 법령에서 정하는 바에 따라 해당 유치원의 유아를 교육한다.

## 2) 자격 기준

### (1) 원장 및 원감

원장 및 원감은 아래 표의 자격 기준에 해당하는 사람으로서 대통령령으로 정하는 바에 따라 교육부장관이 검정 · 수여하는 자격증을 받은 사람이어야 한다.

〈표 1-3〉 원장 · 원감 자격 기준

| 자격 / 종별 | 자격 기준 |
|---|---|
| 원 장 | 1. 유치원의 원감자격증을 가지고 3년 이상의 교육 경력과 소정의 재교육을 받은 자<br>2. 학식 · 덕망이 높은 자로서 대통령령이 정하는 기준에 해당한다고 교육부장관의 인정을 받은 자 |
| 원 감 | 1. 유치원 정교사(1급)자격증을 가지고 3년 이상의 교육 경력과 소정의 재교육을 받은 자<br>2. 유치원 정교사(2급)자격증을 가지고 6년 이상의 교육 경력과 소정의 재교육을 받은 자 |

비고
1. 원장 · 원감, 초 · 중등교육법의 규정에 의한 교장 · 교감, 교육장 · 장학관 · 장학사 · 교육연구관 · 교육연구사의 경력 연수는 교육 경력 연수로 볼 수 있다.

### (2) 교사

교사는 정교사(1,2급), 준교사로 나누되, 아래의 자격 기준에 해당하는 사람으로서 대통령령이 정하는 바에 따라 교육부장관이 검정 · 수여하는 자격증을 받은 사람이어야 한다.

〈표 1-4〉 교사 자격 기준

| 자격 / 급별 | 자격 기준 |
|---|---|
| 정교사 (1급) | 1. 유차원 정교사(2급)자격증을 가진 자로서 3년 이상의 교육 경력을 가지고 소정의 재교육을 받은 자<br>2. 유차원 정교사(2급)자격증을 가지고 교육대학원 또는 교육부장관이 지정하는 대학원의 교육과에서 유치원 교육과정을 전공하여 석사학위를 받은 자로서 1년 이상의 교육 경력이 있는 자 |
| 정교사 (2급) | 1. 대학에 설치하는 유아교육과 졸업자<br>2. 대학(전문대학 및 이와 동등 이상의 각종 학교와 「평생교육법」 제31조제4항에 따른 전문대학학력인정 평생교육시설을 포함한다) 졸업자로서 재학중 소정의 보육과 교직학점을 취득한 자<br>3. 교육대학원 또는 교육부장관이 지정하는 대학원의 교육과에서 유치원 교육과정을 전공하고 석사학위를 받은 자<br>4. 유치원 준교사자격증을 가진 자로서 2년 이상의 교육 경력을 가지고 소정의 재교육을 받은 자 |
| 준교사 | 1. 유치원 준교사 자격검정에 합격한 자 |

## 3) 교사 배치

(1) 유치원에는 교원으로 원장 · 원감 · 수석교사 및 교사를 두되, 2학급 이하의 유치원은 원감을 두지 않을 수 있다.(「유아교육법」 제20조)

(2) 학급마다 교사 1명 이상을 배치하여 학급을 담당하게 하며, 2학급 이하인 유치원의 경우에는 원장 및 원감이 학급을 담당할 수 있다.

(3) 방과 후 과정을 운영하는 유치원에는 각 학급 담당교사 외에 방과 후 과정 운영을 담당할 교사를 1명 이상 둘 수 있으며, 유치원별 방과 후 과정 운영 담당교사의 배치 기준은 관할청이 정한다.

(4) 유치원에는 교원 외에 위탁의사, 영양사, 간호사 또는 간호조무사, 행정직원 등을 둘 수 있다.

(5) 유치원에는 필요한 경우 직원을 1명 이상 둘 수 있으며, 유치원별 배치 기준은 관할청이 정한다.

(6) 보직교사의 수는 3학급 이상 5학급 이하의 유치원일 경우 1명, 6학급 이상 11학급 이하의 유치원일 경우 2명, 12학급 이상의 유치원일 경우 3명 이상이다.

**퀴즈**

교원에 따른 직무를 연결해 보세요.

| | |
|---|---|
| 원장 • | • 원장을 보좌하여 원무를 관리하고 해당 유치원의 유아를 교육함. |
| 원감 • | • 법령에서 정하는 바에 따라 해당 유치원의 유아를 교육함. |
| 수석교사 (주임교사) • | • 원무를 총괄하고 소속 교직원을 지도 · 감독하며 해당 유치원의 유아를 교육함. |
| 교사 • | • 교사의 교수 · 연구 활동을 지원하며, 유아를 교육함. |

# 4. 교직 입문

## 1) 이력서

### (1) 이력서 개념

취업을 목적으로 지원자의 인적사항, 학력사항, 경력사항, 자격사항, 교육사항, 기타 외국어, 컴퓨터 활용 능력을 보여주기 위해 작성하는 문서이다. 지원자의 역량이나 능력, 태도 등을 판단할 수 있는 자료가 되므로 지원자는 솔직하고 성실하게 문서를 작성해야 한다.

### (2) 이력서 작성 방법

- 이력서는 본인이 직접 작성하며 간단명료하게 작성한다.
- 유치원의 이력서 양식이 있다면 이력서 양식에 맞추어 작성하지만, 일반적으로는 정형화된 양식이 없으므로 자신의 능력과 경력에 맞게 편집해서 사용한다.
- 학력 및 경력사항은 역순으로 적어 최근 사항이 위로 올라오게 적는 것이 좋으며 통일성을 유지한다.
- 자격증을 적는 칸에는 지원하는 유아교육 관련 자격증을 중심으로 적는다.

**활동**

자신의 이력서를 작성해 보세요.

# 이 력 서

<table>
<tr><td>성 명</td><td colspan="2"></td><td>주민등록번호</td><td colspan="2"></td><td rowspan="3"></td></tr>
<tr><td>현주소</td><td colspan="5"></td></tr>
<tr><td>연락처</td><td colspan="5"></td></tr>
<tr><td rowspan="4">학<br>력<br>사<br>항</td><td colspan="3">기 간</td><td colspan="3">학 력</td></tr>
<tr><td colspan="3"></td><td colspan="3"></td></tr>
<tr><td colspan="3"></td><td colspan="3"></td></tr>
<tr><td colspan="3"></td><td colspan="3"></td></tr>
<tr><td rowspan="4">경<br>력<br>사<br>항</td><td colspan="3">기 간</td><td colspan="3">기 관</td></tr>
<tr><td colspan="3"></td><td colspan="3"></td></tr>
<tr><td colspan="3"></td><td colspan="3"></td></tr>
<tr><td colspan="3"></td><td colspan="3"></td></tr>
<tr><td>구 분</td><td>자격 및<br>면허명</td><td colspan="2">자격 및<br>면허번호</td><td>취득년월일</td><td>인정기관</td><td>비 고</td></tr>
<tr><td rowspan="3">자격증</td><td></td><td colspan="2"></td><td></td><td></td><td></td></tr>
<tr><td></td><td colspan="2"></td><td></td><td></td><td></td></tr>
<tr><td></td><td colspan="2"></td><td></td><td></td><td></td></tr>
<tr><td>면허증</td><td></td><td colspan="2"></td><td></td><td></td><td></td></tr>
</table>

위의 기록은 사실과 틀림이 없음.

년 월 일

성 명 ㊞

## 2) 자기소개서

### (1) 자기소개서 개념

자기소개서는 본인을 소개하기 위한 목적으로 본인의 성장 환경이나 장점들을 나열하여 타인에게 상세한 정보를 제공하고자 작성하는 문서를 말한다. 자기소개서는 자신의 강점을 부각시켜 주목될 수 있는 내용으로 작성하며, 독특한 표현을 통해 자신을 최대한 드러낼 수 있도록 한다. 자기소개서는 제출하는 기관에 따라 적절한 정보와 함께 가볍지 않은 내용으로 작성하며, 거짓 없이 진정성 있게 작성한다.

### (2) 자기소개서 작성 방법

- 자기소개서는 다양한 항목으로 구성할 수 있으며, 기본 항목은 성장 환경, 성격의 장단점, 학교생활 및 사회 경험, 관련 활동 경험 등과 해당 유치원에 대한 지원 동기 등의 내용으로 작성한다.
- 자기소개서는 논리적인 내용으로 진솔하게 작성한다.

**활동**

자신의 이력서를 작성해 보세요.

## 자 기 소 개 서

1. 성장 과정

2. 학교생활

3. 성격 장단점

4. 지원 동기

# 5. 교사로서의 모습

'인상(impression)'이란 어떤 사람이나 사물에 대해 총체적으로 요약된 평가를 의미한다. 상대에 대한 처음 인식되는 정보는 머릿속에 아무것도 없는 상태에서 들어오기 때문에 액면 그대로 받아들여져서 매우 큰 영향을 준다.

## 1) 용모

사람들은 유아교사에 대한 이미지를 표정이 밝고 단정한 모습으로 가지고 있다. 밝은 모습을 한 교사가 유아를 수용하고 활발한 수업을 통해 긍정적인 학급 운영을 할 것이라는 기대감을 갖는다. 이러한 교사에 대한 이미지를 고려해 보았을 때 교사는 보는 사람으로 하여금 거부감을 갖게 하거나 불편해 보이는 복장보다는 편안하지만 단정한 차림을 함으로써 부모로 하여금 신뢰감을 형성할 수 있다.

- 앞머리를 길게 하여 눈을 가리지 않도록 하며, 긴 머리는 유아와 수업을 할 때에는 단정하게 뒤로 묶어 흘러내리지 않도록 함으로써 유아의 시선이 분산되는 것을 줄일 수 있다.
- 화장을 할 때에는 짙은 화장보다는 연한 화장을 하며, 진한 향의 화장품이나 향수, 담배 냄새 등은 유아가 거부감을 가질 수 있으므로 향이 강한 화장품이나 향수를 사용하지 않는다.
- 손톱이 길 경우 실수로 유아의 얼굴이나 팔이 긁히게 할 수 있으므로 손톱을 짧고 깨끗하게 유지하며, 활동 시 유아의 시선 분산을 줄이기 위하여 색이 진한 네일아트나 매니큐어를 피한다. 반지를 착용할 경우 뾰족한 장식이 있는 반지는 유아들이 다칠 염려가 있으므로 장식 없는 반지를 착용하는 것이 좋다.
- 복장은 단정한 차림으로 스커트 및 바지, 캐주얼 정장 등 유치원의 활동이나 행사에 적합한 옷을 입는다. 지나치게 얇거나 파인 옷은 피하고, 짧은 치마와

반바지보다는 유아와 활동하기 편한 옷이 좋다.

- 유치원에 따라 실내화나 덧신을 준비하여 신으며, 스타킹이나 양말을 착용한다.

## 2) 언어

올바른 언어 사용을 위해 고운 말씨를 쓰고 상대에게 적절한 호칭을 쓰는 등의 언어 예절이 있다. 특히 유아교사는 올바른 언어를 사용하고 어려운 개념의 단어 표현을 쉽게 표현하는 등의 언어 사용이 필요하다.

- 유아교사는 유아의 언어 모델이고 언어 경험의 제공자이다. 교사가 유아와 경험을 나누고 의사소통의 표현을 하는 과정에서 유아는 교사와 언어뿐만 아니라 행동이나 태도까지 동일시하려는 경향을 보이므로 교사는 평상시 언어 사용에 있어 유행어를 사용하기보다 표준어를 사용하는 것이 좋다.
- 교사는 유아와 긍정적이고 밝은 주제의 이야기를 나눔으로써 언어에 대한 심미감과 의사소통능력 향상, 상상의 세계를 넓혀 주는 것이 필요하다.
- 상호작용하는 과정에서 교사가 지속적으로 부정적인 언어를 사용하게 되면 유아는 부정적인 언어 표현을 많이 배우게 되며, 긍정적인 언어를 많이 사용하게 되면 유아는 교사의 언어 사용에 따라 긍정적인 언어를 사용하게 됨을 잊지 말아야 한다.
- 교사의 목소리 크기는 대그룹의 경우 모든 유아가 알아들을 수 있는 정도의 소리를 사용하며, 소그룹의 경우 소리를 조절하여 이야기한다. 교사의 소리가 크면 오히려 유아의 목소리도 함께 커지는 경우가 있으므로 유의하도록 한다. 또한 활동에 따라 때로는 강하게, 어떤 때는 작게 조절하는 것이 필요하다.
- 이야기의 속도에 있어서 평상시 유아와 대화하는 정도의 빠르기로 이야기하는 것이 좋으며, 너무 빠르면 유아의 집중력이나 이해 수준이 낮아지게 된다.

특히 이야기 나누기에 있어 중요한 요점은 천천히, 그리 중요하지 않은 것은 조금 빠르게 진행함으로써 유아가 지루해하지 않도록 한다.

토 론

나의 모습은 유치원 교사로서 적절한가요? 친구들과 이야기를 나누어 보세요.

용모

언어

# 제2장 교직규정 및 윤리

교직에 몸담고 있는 교원은 교원으로서의 권리를 가지며, 그에 따라 지켜야 할 의무를 가진다. 이러한 규정을 명시한 것이 복무규정이다. 이 장에서는 유치원 교사로서의 복무규정에 대해 알아보고자 한다.

관련자료 : EBS https://youtu.be/DyZH46igHpE

<생각해 보기>

유치원 교사가 한 사람의 인생을 변화시킬 수 있다고 생각하나요?

# 1. 복무규정

복무는 교사로 근무하는 것이다. 이러한 복무에는 업무와 관련된 휴가, 출근, 당직 근무, 파견 등이 포함되며, 복무에 대한 사항을 문서로 명시한 것이 복무규정이다. 사립유치원 교원의 복무는 「사립학교법」 제55조제1항에 의거 국 · 공립학교의 교원에 관한 규정을 준용하게 되어 있는바, 학부모의 신뢰를 확보하고 효과적인 교육을 실현시키기 위하여 특별한 의무가 부과되어 있다.

## 1) 교사로서의 의무

복무규정을 작성할 때에는 유치원 내에 근무하는 모든 직원에게 포괄적으로 적용되는 규칙을 작성하여야 한다. 전반적인 교사로서의 의무 외에도 유치원 업무별로 자세하게 기재함으로써 새롭게 채용된 교사나 직원도 복무규정을 숙지하여 업무에 임할 수 있도록 하여야 한다. 사립유치원 교원은 유아교육에 대한 목적을 효율적으로 달성하기 위하여 교원이 준수하여야 할 행동 규범 및 성실의 의무, 신분상 및 직무상 여러 의무를 지니게 된다.

### (1) 직무상의 의무

① 성실 의무(「국가공무원법」 제56조) – 모든 공무원은 법령을 준수하며 성실히 직무를 수행하여야 한다.

② 복종의 의무(「국가공무원법」 제57조) – 공무원은 직무를 수행할 때 소속 상관의 직무상 명령에 복종하여야 한다.

③ 친절 · 공정의 의무(「국가공무원법」 제59조) – 공무원은 국민 전체의 봉사자로서 친절하고 공정하게 직무를 수행하여야 한다.

④ 종교 중립의 의무(「국가공무원법」 제59조의2) – 공무원은 종교에 따른 차별 없이 직무를 수행하여야 한다. 공무원은 소속 상관이 제1항에 위배되는 직

무상 명령을 한 경우에는 이에 따르지 아니할 수 있다.

⑤ 비밀 엄수의 의무(「국가공무원법」 제60조) – 재직 중은 물론 퇴직 후에도 직무상 알게 된 비밀을 엄수하여야 한다.

⑥ 청렴의 의무(「국가공무원법」 제61조) – 공무원은 직무와 관련하여 직접적이든 간접적이든 사례 · 증여 또는 향응을 주거나 받을 수 없다. 공무원은 직무상의 관계가 있든 없든 그 소속 상관에게 증여하거나 소속 공무원으로부터 증여를 받아서는 안 된다.

⑦ 품위 유지의 의무(「국가공무원법」 제63조) – 직무의 내외를 불문하고 그 품위가 손상되는 행위를 하여서는 안 된다.

### (2) 신분상의 의무

① 직장 이탈 금지(「국가공무원법」 제58조) – 공무원은 소속 상관의 허가 또는 정당한 사유가 없으면 직장을 이탈하지 못한다. 수사기관이 공무원을 구속하려면 그 소속 기관의 장에게 미리 통보하여야 한다.

② 정치 운동의 금지(「국가공무원법」 제65조) – 공무원은 정당이나 그 밖의 정치단체의 결성에 관여하거나 이에 가입할 수 없다. 공무원은 선거에서 특정 정당 또는 특정인을 지지 또는 반대하기 위한 행위를 하면 안 된다. 공무원은 다른 공무원에게 위의 내용에 위배되는 행위를 하도록 요구하거나, 정치적 행위에 대한 보상 또는 보복으로서 이익 또는 불이익을 약속하면 안 된다.

③ 집단 행위의 금지(「국가공무원법」 제66조) – 공무원은 노동운동이나 그 밖에 공무 외의 일을 위한 집단 행위를 하면 안 된다.

④ 영리 업무 및 겸직 금지(「국가공무원법」 제64조) – 공무원은 공무 외에 영리를 목적으로 하는 업무에 종사하지 못하며, 소속 기관장의 허가 없이 다른 직무를 겸할 수 없다.

### 2) 근무시간

사립유치원의 경우 일반적으로 근무시간은 오전 8시 30분에서 오후 6시까지로, 각 유치원의 사정에 따라 차이를 보인다. 교육시간 또한 유치원에 따라 다르지만 실제 오전 9시에서 오후 2시까지 교육을 하는 원이 가장 많다. 유아가 하원한 후 교사의 하루 일과 정리와 수업 준비 및 평가, 때로는 행사 준비 등을 한다. 정교사 외에 보조교사 및 종일반 교사는 각 원에 따라 맡은 직무가 다르기 때문에 근무시간이 다를 수 있다. 근무에 따른 용어는 다음과 같다.

(1) **출근** : 정해진 근무 시작 시간까지 근무 장소(사무실 또는 현장)에 도착하는 것

(2) **지각** : 정해진 근무 장소에 정해진 근무 시작 시간 이후에 출근하는 것

(3) **조퇴** : 정해진 근무 종료 시간 이전에 퇴근하는 것

(4) **외출** : 근무시간 중 개인 용무를 위하여 유치원 외부로 나간 후, 근무 종료 시간 이전에 돌아오는 것

(5) **결근** : 휴가 등의 정당한 사유 없이 근무 종료 시간까지 출근하지 아니하는 것

(6) **병가** : 질병 또는 부상으로 직무를 수행할 수 없는 경우, 또는 감염병에 걸려 다른 교직원, 유아 등의 건강에 영향을 미칠 우려가 있을 때 부여받는 휴가

(7) **특별휴가** : 사회통념 및 관례상 특별한 사유(경조사 등)가 있는 경우 부여받는 휴가

### 3) 휴가

교원의 휴가는 연가 · 병가 · 공가 · 특별휴가로 구분할 수 있다. 유치원의 장은 휴가를 승인함에 있어 소속 교원이 원하는 시기에 법정휴가일수를 사용할 수 있도록 보장하되, 연가는 수업 및 교육 활동 등을 고려하여 특별한 사유가 없는 한 수업일을 제외하여 실시하도록 한다. 휴가 시 교사는 긴급 시 연락이 가능하도록 연락체계를 유지하여야 하며, 휴가를 실시함에 있어 수업 및 담당사무 등을 다른 교사에게 인계하여 업무의 연속성을 유지하여야 한다.

〈표 2-1〉 경조사별 휴가 일수

| 구 분 | 대 상 | 일 수 |
|---|---|---|
| 결 혼 | 본인 | 5 |
| | 자녀 | 1 |
| 출 산 | 배우자 | 10 |
| 사 망 | 배우자, 본인 및 배우자의 부모 | 5 |
| | 본인 및 배우자의 조부모 · 외조부모 | 3 |
| | 자녀와 그 자녀의 배우자 | 3 |
| | 본인 및 배우자의 형제자매 | 1 |
| 입 양 | 본인 | 20 |

※ 교원의 휴가는 「교원휴가업무처리요령」(교육부 예규)에 따름

## 4) 급여

### (1) 호봉

국 · 공립유치원 및 사립유치원에서는 호봉이라는 급여기준표를 사용하고 있다. 호봉이란 급여체계 안에서의 등급이며, 등급에 따른 보수의 폭을 여러 단계로 나눈 것이다. 예를 들어, 2년제 전문대학의 경우 6호봉, 3년제 전문대학의 경우 7호봉, 4년제 일반대학교의 경우 8호봉, 교육대학교일 경우 9호봉부터 시작한다. 이러한 호봉은 매년 한 호봉씩 높아진다. 특히 국 · 공립의 경우 공무원 보수규정 제5조에 따라 자격, 경력, 직무의 곤란성 및 책임의 정도에 따라 대통령령으로 정하는 기준에 의거하여 급여를 지급하고 있으며, 사립유치원의 경우 각 유치원의 사정에 따라 원장의 재량으로 급여를 조절하는 경우가 있다. 이 경우 급여 지급에 대해 두 가지로 나누어 보면 국 · 공립유치원에서 제시하는 호봉표에 따라 급여를 지급하는 경우와 각 지역에서 제시하는 사립유치원 호봉표 등에 따라 급여를 책정하고 있다. 이 외에 교육청에서는 처우개선비라는 명목으로 담임수당과 교직수당을 제공하고 있다.

- 담임수당 – 교육지원청에 임용 보고된 학급 담임교사 월 13만원

- 교직수당 – 교육지원청에 임용 보고된 학급 담임교사 · 방과 후 과정 운영을 담당하는 교사 월 25만원

〈표 2-2〉 유치원 · 초등학교 · 중학교 · 고등학교 교원 등의 봉급표 (제5조 및 별표 1 관련)

(월지급액, 단위 : 원)

| 호봉 | 봉급 | 호봉 | 봉급 |
|---|---|---|---|
| 1 | 1,672,800 | 21 | 3,188,300 |
| 2 | 1,723,500 | 22 | 3,306,000 |
| 3 | 1,774,900 | 23 | 3,422,700 |
| 4 | 1,826,100 | 24 | 3,539,600 |
| 5 | 1,877,800 | 25 | 3,656,500 |
| 6 | 1,929,300 | 26 | 3,773,900 |
| 7 | 1,980,200 | 27 | 3,896,200 |
| 8 | 2,031,000 | 28 | 4,018,300 |
| 9 | 2,082,600 | 29 | 4,146,000 |
| 10 | 2,139,000 | 30 | 4,274,200 |
| 11 | 2,194,200 | 31 | 4,401,900 |
| 12 | 2,250,600 | 32 | 4,529,400 |
| 13 | 2,353,100 | 33 | 4,659,000 |
| 14 | 2,456,000 | 34 | 4,788,200 |
| 15 | 2,558,800 | 35 | 4,917,500 |
| 16 | 2,661,900 | 36 | 5,046,400 |
| 17 | 2,763,700 | 37 | 5,158,600 |
| 18 | 2,870,300 | 38 | 5,270,800 |
| 19 | 2,976,300 | 39 | 5,383,300 |
| 20 | 3,082,300 | 40 | 5,495,100 |

출처 : 인사혁신처(2021)

### (2) 성과급

유치원에서는 실제 성과급이라는 용어를 사용하기보다 수고비 및 명절비라고 제시한다. 명절(설, 추석)이나 휴가 시 여비를 주는 경우가 있으나 이는 각 유치원의 원장 재량이다. 또한 여러 행사(어린이날, 운동회 등)를 진행하였을 때 각 유치원의 사정에 따라 회식을 하거나 수고비를 제공하기도 한다.

### (3) 연금

유치원은 사립학교 교직원 연금(이하 사학연금)을 신청한다. 사학연금은 사립학교 교직원의 퇴직 · 사망 및 직무상 질병 · 부상 · 장애에 대해 급여를 지급하는 제도이다. 사학연금은 1975년에 시행되었으며, 부담률과 급여 내용 등 제도의 근간이 공무원연금과 비슷하다. 사학연금 적용 대상은 초등학교부터 대학교에 이르는 모든 사립학교와 사립특수학교, 그리고 이를 설치 · 운영하는 학교 경영기관에서 근무하는 정규 교직원 등이다. 따라서 사립유치원의 경우는 대부분의 연금은 사학연금으로 들어가지만, 유치원의 사정에 따라 국민연금으로 들어가는 경우도 간혹 있다. 국민연금은 「국민연금법」과 「근로기준법」에 의해 시행되며, 2006년 1월부터 1명 이상의 근로자를 사용하는 사업장은 모두 국민연금 대상에 해당되었다. 국민연금에 가입된 사업장의 18세 이상 60세 미만의 사용자 및 근로자는 사업장가입자가 되며, 이때 지역가입 자격이 상실된다.

## 5) 복무에 대한 Q&A

사립유치원 교원 인사 매뉴얼(2018)에 따르면 복무규정에 명시되어 있는 내용 외에 다양한 사례에 대한 질문과 응답이 제시되어 있다. 그중 몇 가지를 살펴보면 다음과 같다.

- 교원의 품위 손상의 의미 및 판단 기준

교원에게는 일반 직업인보다 더 높은 도덕성이 요구되고 교원의 품위 손상 행위는 본인은 물론 교원사회 전체에 대한 국민의 신뢰를 실추시킬 우려가 있으므로, 「사립학교법」은 사립학교 교원에 대하여도 직무와 관련된 부분은 물론 사적인 부분에서도 품위를 유지할 의무를 규정하고 있다. 품위라 함은 국민에 대한 교육자로서의 직책을 맡아 수행해 나가기에 손색이 없는 인품을 말하고, 어떤 행위가 품위 손상 행위에 해당하는가는 구체적 상황에 따라 건전한 사회통념에 의해 판단해야 한다.(대판 '00. 6. 9. 98두16613)

• 교원의 품위 손상에 해당되는 구체적인 사례

음주운전, 근거 없는 진정서 제출로 상관 중상 행위, 타인과 싸우고 상해를 입힌 행위, 뚜렷한 자료 없이 사용자를 수사기관에 고소 · 고발하거나 그에 대한 인격을 비난하는 내용까지 담긴 진정서 등을 타 기관에 제출하고 공개석상에서 진실과 다른 내용이나 과장된 내용을 가지고 회사를 비방하는 행위 등이 있다.

• 출장과 시간외근무수당 지급 여부

출장비 등을 전액 지급하되, 시간외근무수당, 야간근무수당 및 휴일근무수당은 원칙적으로 지급할 수 없다. 다만, 출장의 목적상 필연적으로 시간외근무 발생이 예상되는 자로서 근무명령에 따라 출장 중 또는 출장 후 「국가공무원 복무규정」상의 근무시간 외에 근무를 한 자에게는 실제로 초과근무한 시간에 대하여 명백히 인정할 수 있는 객관적인 증빙자료가 있는 경우에 한하여 시간외근무수당을 지급할 수 있다. 예) 현장학습 등 출장근무지에서 교육 활동이 이루어지는 경우(계획서에 명시된 경우)

• 사립유치원 교사 감사선물(케이크 선물 시 선물과 음식 중 해당범위) 문의

청탁금지법령상 '음식물'은 제공자와 공직자 등이 함께 하는 식사, 다과, 주류, 음료, 그 밖에 이에 준하는 것이므로, 케이크를 선생님과 함께 먹는 것은 특별한 사정이 없는 한 선물에 해당한다.

• 학부모가 작년 담임교사에게 선물한 경우 위법 여부

작년 담임교사의 경우 특별한 사정이 없는 한 직무관련성이 인정되지 않지만, 성적이나 수행평가 등과 관련성이 있다면 학부모로부터 선물을 받는 것은 허용될 수 없다.

**토론**

학부모가 담임교사에게 감사의 인사를 하고자 합니다. 카톡으로 5,000원 커피 쿠폰을 제공해도 되나요?

## 2. 교직 윤리

유치원 교원양성 · 임용제도 개선 연구단, 한국국공립유치원교원연합회 등에서 제시한 유치원 교사 헌장 및 윤리강령은 다음과 같다.

### 1) 유치원 교사 헌장

유아교육은 유아의 삶에 초석이 되며, 우리 사회와 국가의 미래를 결정한다. 우리는 국민의 생애 초기 교육을 책임지며 사회로부터 존경받는 교사로서 자신을 연마하고 소명의식을 가지고 유아 교육자로서 가야 할 길을 밝힌다.

(1) 우리는 유아를 사랑하고 개성을 존중하며 전인발달을 지원하고 평화로운 교실문화를 조성한다.
(2) 우리는 미래지향적이며 질 높은 교육을 계획하고 실천하여 교육자로서의 책임을 다한다.

(3) 우리는 가정에 대한 이해와 연대를 강화하여 교육복지 사회 구축에 공헌한다.
(4) 우리는 사회의 변화와 요구에 적극 부응하여 유아교육의 혁신과 발전을 위해 노력한다.
(5) 우리는 교육자로서의 품위를 유지하고 부단한 자기개발을 통해 유아교육 전문가로서의 위상을 갖춘다.

### 2) 유치원 교사 윤리강령

#### (1) 유치원 교사와 유아

■ **핵심 개념** : 사랑, 평등, 개성 존중, 전인교육, 안전과 보호

① 우리는 유아를 사랑하며 유아의 인격을 존중한다.
② 우리는 유아의 개인적 · 가정적 배경에 관계없이 모든 유아를 평등하게 대한다.
③ 우리는 유아의 개성을 존중하며 개인의 흥미와 잠재력에 적합한 교육을 제공한다.
④ 우리는 유아의 전인발달을 지원하는 교육과 환경을 제공한다.
⑤ 우리는 유아의 안녕을 위협하는 가정적 · 사회문화적 · 경제적 상황을 적극적으로 파악하고 유아를 보호하기 위해 노력한다.

#### (2) 유치원 교사와 가정

■ **핵심 개념** : 가족에 대한 이해, 권리 보호, 협력, 지원

① 우리는 유아를 교육하고 지원하기 위해 가정과 연계하고 협력관계를 구축한다.
② 우리는 교육적 목적으로 수집한 가족 정보에 대해 기밀을 유지하고 가족의 사생활을 보장한다.

③ 우리는 유치원에서 일어난 안전사고나 위험 상황에 대해 가족에게 충분히 설명한다.

④ 우리는 가족에게 유치원을 개방하며 필요한 정보를 제공한다.

⑤ 우리는 유치원 운영에 관련된 중요한 의사결정 과정에 부모를 참여시킨다.

⑥ 우리는 가족에게 필요한 지역사회 자원에 대한 정보를 구축하고 이를 가족에게 적극적으로 제공한다.

### (3) 유치원 교사와 사회

■ **핵심 개념** : 사회에 대한 이해, 교원의 지위 향상, 유아교육 위상 강화, 교직문화, 지역사회와의 협력

① 우리는 사회의 흐름을 파악하고 이를 교육에 반영하고자 노력한다.

② 우리는 유아에 관련된 법률과 정책을 이해하고, 이를 개선하기 위한 활동에 적극 참여한다.

③ 우리는 교직 관련 단체와 전문가 협회를 통해 교권 확립을 위한 활동에 참여한다.

④ 우리는 유치원교육을 사회에 널리 알려 유아교육의 위상을 높인다.

⑤ 우리는 교직원 간의 상호존중과 협력을 통해 건전한 교직문화를 형성한다.

⑥ 우리는 유치원과 연계하여 지역사회의 생활과 문화 향상에 기여한다.

### (4) 유치원 교사의 책무

■ **핵심 개념** : 직업의식과 긍지, 인성(열정, 개방성, 창의성, 자율성), 교사로서의 품위, 연구와 자기개발

① 우리는 교육전문가로서의 직업의식을 갖는다.

② 우리는 건전한 국가관과 확고한 교육관을 가지고 교직에 종사한다.

③ 우리는 유아에게 최적의 교육을 제공하기 위해 열과 성을 다한다.

④ 우리는 건전한 언행과 생활태도로 유아에게 모범이 되도록 한다.

⑤ 우리는 열린 사고와 개방적 태도를 가지고 전문성 향상에 매진한다.

⑥ 우리는 다양한 분야의 전문가와 교류하고 새로운 지식과 정책을 비판적으로 수용한다.

### 토 론

유치원 교사의 책무에 있어 나 자신을 돌아보세요 그리고 친구들과 토론해 보세요.

① 우리는 교육전문가로서의 직업의식을 갖는다.

② 우리는 건전한 국가관과 확고한 교육관을 가지고 교직에 종사한다.

③ 우리는 유아에게 최적의 교육을 제공하기 위해 열과 성을 다한다.

④ 우리는 건전한 언행과 생활태도로 유아에게 모범이 되도록 한다.

⑤ 우리는 열린 사고와 개방적 태도를 가지고 전문성 향상에 매진한다.

⑥ 우리는 다양한 분야의 전문가와 교류하고 새로운 지식과 정책을 비판적으로 수용한다.

나는 ______________________ 책무에 대한 준비가 되어 있습니다.

나는______________________ 책무에 대한 준비를 더 하겠습니다.

왜냐하면 ______________________________________________

______________________________________________

______________________________________________

〈표 2-3〉 복무규정에 대한 유치원과 어린이집 비교

| 기준 | 유치원 | 어린이집 |
|---|---|---|
| 근로 시간 | 1주(40시간), 1일(8시간) | |
| 근무 시간 | • 공립유치원 : 공무원 복무규정에 따름.<br>• 사립유치원 : 각 유치원 내규에 따라 정함. | • 보육교직원 : 다른 업무를 겸임할 수 없음.<br>• 어린이집 원장 : 간호사 또는 영양사 자격이 있을 시 간호사 또는 영양사를 겸임할 수 있음. |
| 연금 및 보험 | • 공립 : 공무원연금, 건강보험<br>• 사립 : 사립학교교직원연금, 건강보험 (국민연금일 경우가 간혹 있음.) | • 국민연금, 건강보험, 고용보험, 산재보험 (4대보험) |
| 휴가 | • 유치원 교원의 휴가 (병설 유치원 교사) : 각급학교와 마찬가지로 각종 휴가(출산휴가, 연가)를 받을 수 있음<br>• 사립유치원 : 교사 휴가로 인한 공백을 최소화하기 위해 대체교사를 파견하는 제도를 시행 (각 유치원의 사정에 따라 정하여짐) | • 보육 공백을 최소화할 수 있도록 순번제로 실시함.<br>• 보수교육, 출산휴가 등이 생기는 경우 : 대체교사 배치.<br>• 「근로기준법」 등 노동 관련 법령에 의하여 고용, 산전 · 후 휴가, 육아휴직 등 「남녀고용평등법」 의 규정을 준용함. |
| 징계 | 근무 규정을 위반한 때에는 징계를 받을 수 있음.<br>▶ 징계의 종류 – 파면, 해임, 정직, 감봉, 견책<br>• 파면 : 현직에서 배제되는 것, 3년간의 임용 박탈과 퇴직금의 1/2만 지급받음.<br>• 해임 : 종사자가 맡고 있는 직을 면하게 되며, 3년간의 임용 박탈, 퇴직금 전액 지급받음.<br>• 정직 : 종사자의 신분은 유지되지만 일정 기간 동안 직무에 종사하지 못함.<br>• 감봉 : 일정 기간 동안 봉급을 감해서 지급받게 됨.<br>• 견책 : 종사자의 잘못에 대해 훈계하는 것, 일정 기간 동안 승진 및 승급 제한됨.<br>(파면, 해임, 정직 = 중징계 / 감봉, 견책 = 경징계) | |

PART

# 2

# 교직 영역

# 제3장 교직실무 계획

교직실무의 영역은 전문가에 따라 다양한 관점에서 나누어 볼 수 있다. 교직실무의 영역을 담임으로서의 업무, 행정가로서의 업무 등으로 나누기도 하고, 실무를 이끌어 가는 데 있어 계획자, 준비자, 진행자로 나누어 살펴볼 수도 있다. 이 장에서는 교직실무의 영역을 유치원 평가의 영역으로 나누어 교사가 실행해야 할 내용들에 대해 살펴보고자 한다.

**관련자료 : 경상북도교육청** https://youtu.be/X72d-TaTw6Y

<생각해 보기>

내가 유치원 교사가 되면 어떠한 실무를 할지에 대해 생각해 보세요.

# 1. 유치원 평가 영역

교직실무의 영역으로는 유치원 평가에 따른 영역으로 나누어 볼 수 있다. 유치원 5주기 평가 가이드북(2020)에 따르면 유치원 평가 영역 및 지표를 통해 교직실무의 중요도를 따져 유치원 실무의 내실화를 꾀할 수 있다. 평가의 목적을 살펴보면, 첫째, 자율적인 유치원 교육 활동의 진단 및 개선을 통한 유아교육의 질 향상, 둘째, 교육공동체의 참여 · 소통 · 협력을 통한 자율과 책임의 유치원 자치 문화 조성, 셋째, 건강 · 안전 강화를 통한 안전한 유치원 환경 조성, 넷째, 단위유치원의 공공성 및 책무성 제고로 자율운영체제 구축을 위함이다. 이러한 평가를 바탕으로 유치원 실무를 살펴볼 때에 유치원이 자율성을 가지고 유치원 교사가 유치원 자치 문화를 정착시키며 유치원 교육에 있어 긍정적인 효과를 가져올 수 있다. 이러한 유치원 평가의 지표와 본 교재의 PART2 교직영역을 살펴보면 다음과 같다.

〈표 3-1〉 유치원 5주기 평가지표

| 영 역 | 평가지표 | PART2 교직 영역 |
|---|---|---|
| Ⅰ. 유아중심 교육과정 및 방과 후 과정 | Ⅰ-1 유아 · 놀이중심 교육과정 편성 · 운영 및 교수 · 학습 지원 | • 교직실무 계획<br>• 신학기 준비<br>• 교육과정 운영<br>• 학급 운영 |
| | Ⅰ-2 유아 · 교육과정 평가 및 환류 | • 행사 운영<br>• 교육과정 운영 |
| | Ⅰ-3 교원의 전문성 신장 지원 | • 대인관계 |
| | Ⅰ-4 돌봄과 쉼이 있는 방과 후 과정 | • 학급 운영<br>• 교육과정 운영 |
| Ⅱ. 민주적 유치원 운영 | Ⅱ-1 우리 유치원의 비전 공유 | • 교직 영역<br>• 대인관계 |
| | Ⅱ-2 참여와 소통의 교육 자치 | |
| | Ⅱ-3 협력공동체 형성 | |
| Ⅲ. 안전하고 쾌적한 교육환경 및 유아를 위한 건강 · 안전 | Ⅲ-1 안전한 시설설비와 쾌적한 공간 | • 환경 구성<br>• 건강 및 안전 |
| | Ⅲ-2 안심하고 믿을 수 있는 급 · 간식 환경 | |
| | Ⅲ-3 유아와 교사를 위한 건강 및 안전 증진 | |
| | Ⅲ-4 안전한 등 · 하원 | |

## 1) 유아중심 교육과정 및 방과 후 과정

### (1) 유아·놀이중심 교육과정 편성·운영 및 교수·학습 지원

교사는 유치원의 목적 및 목표를 고려한 교육과정 운영에 있어, 유아의 전인적 성장과 발달을 위하여 유아의 능력과 발달 수준, 발달 특성 및 경험에 맞춘 개별적인 교육과정을 편성 · 운영한다. 이러한 측면은 개정 누리과정에서 제시하고 있는 유아 · 놀이중심 교육과정이 잘 이루어지고 있는지에 대한 것이므로, 교사는 개정 누리과정에 대한 교육을 심도 있게 진행할 필요가 있다. 특히 교사는 유치원에서 유아의 흥미와 관심에 따른 놀이중심 교육과정을 실천하며 유아의 차이를 긍정적으로 수용하고 배려할 필요가 있다. 유아가 주도하는 놀이와 연계하여 유아의 개별 놀이 상황과 맥락에 따라 유아의 놀이 촉진 및 공간 확보, 시설 및 환경 마련, 자료와 재료 제공 등을 한다.

### (2) 유아·교육과정 평가 및 환류

교사는 유아의 흥미와 놀이 모습을 관찰하고 그에 따른 유아의 변화 및 특성, 발달에 대해 평가할 수 있다. 개정 누리과정에 있어 유아의 다양한 놀이 상황에 초점을 맞춘 놀이 지원 및 평가 방법을 개발하여 유아 이해 및 지원, 교육과정 재구성과 연계하여 평가를 운영하며, 교사들의 소통, 협력을 기반으로 유아의 놀이 지원을 실천하고 그에 따른 평가와 환류가 체계적으로 운영될 수 있도록 한다.

### (3) 교원의 전문성 신장 지원

개정 누리과정에 있어 교육과정 수립 및 구체적인 교육 실천에 관한 사항에 대해 교사 간 토론과 협의를 통해 전문성 신장을 증진시킬 수 있다. 또한 교사는 놀이중심 교육과정 구성, 놀이 지원, 놀이 상호작용, 놀이 관찰 중심 평가 등에 대한 연수 및 연구 활동에 활발히 참여하여 교원의 전문적 역량을 함양함으로써 전문성이 향상될 수 있도록 한다.

#### (4) 돌봄과 쉼이 있는 방과 후 과정

교사는 유아의 발달, 정서적 안정감, 체력 등 개별적 요구를 고려하여 놀이와 쉼을 기반으로 하는 방과 후 과정을 계획하고, 안정적인 방과 후 과정을 위해 시설 확보 및 관리, 담당 인력 등에 대한 계획을 수립하여 체계적이고 지속적으로 지원하도록 한다.

### 2) 민주적 유치원 운영

#### (1) 우리 유치원의 비전 공유

교사는 유치원에서 교사 간 참여 · 소통 · 협력을 기반으로 목표를 함께 수립하고 유치원의 목적과 목표를 유아교육에 반영하도록 한다.

#### (2) 참여와 소통의 교육 자치

교사 간 의사소통을 원활하게 하고 민주적인 의사결정이 이루어지며, 상호협력이 잘 이루어지는 교사 회의가 될 수 있도록 분위기를 조성할 필요가 있다. 이를 위해서는 교직원의 업무가 효율적으로 구조화되어 있어야 하며, 교사가 교육 활동에 전념할 수 있는 분위기, 유치원의 전반적인 실무에 대하여 공동의 책임감을 갖는 분위기가 형성되어야 한다. 또한 서로 참여하고 주인의식을 갖는 분위기를 조성하기 위해서는 교직원 간 갈등을 해결하기 위한 지원 방안 및 갈등 예방을 위한 노력이 필요하다.

#### (3) 협력공동체 형성

학부모 연수, 학부모의 유치원 교육 활동 참여 기회 제공, 학부모회 운영 등을 통해 학부모 참여를 활성화하고, 교사와 부모 간 상호 이해와 협력을 높이기 위해 노력하도록 한다. 이를 위해 학부모가 유치원 교육 활동에 적극적으로 참여하고 의견을 반영할 수 있도록 개방적인 시스템, 즉 어플리케이션이나 지속적인 상호작용을 구축할 필요가 있다. 더 나아가 지역사회의 인적 · 물적 자원을 활용할 수 있도록 지역사회와의 협력적 체제 구축을 통하여 마을과 함께하는 다양한 교육 프로그램을 운영하도록 한다.

### 3) 안전하고 쾌적한 교육환경 및 유아를 위한 건강·안전

#### (1) 안전한 시설설비와 쾌적한 공간

실내 · 외 시설설비와 공간은 유아에게 안전하며, 유아가 쉽게 사용할 수 있도록 갖추어져 있어야 하며, 실내 · 외 놀이공간, 놀이시설, 놀이자료의 안전관리 및 점검이 효율적으로 이루어져야 한다. 또한 유아를 위한 안전시설이 설비되어 있으며, 실내 · 외 쾌적한 환경이 조성 · 유지되어야 한다.

#### (2) 안심하고 믿을 수 있는 급·간식 환경

유아의 건강을 고려한 균형 있고 질 높은 급 · 간식을 제공하고, 유아가 안심하고 급 · 간식을 먹을 수 있도록 식자재가 위생적으로 관리되어야 한다.

#### (3) 유아와 교사를 위한 건강 및 안전 증진

유아의 질병 및 상해 관리와 이를 위한 가정과의 소통이 이루어져야 하며, 유아와 교직원의 건강 및 안전 증진을 위한 예방 관리 지침이 마련되어 있어야 한다. 또한 유아와 교직원의 건강 및 안전 증진을 위한 교육이 필요하다.

#### (4) 안전한 등·하원

유치원은 교육과정 내에서 유아의 안전한 등 · 하원 환경 조성을 위한 안전교육을 계획하고 반영하여 실시하며 지속적으로 지원해야 한다. 또한 통학차량을 이용하는 유아를 위하여 통학차량의 지속적인 관리와 안전운행을 위한 노력이 이루어져야 한다.

**토 론**

유치원 평가는 꼭 해야 할까요? 평가에 대한 자신의 생각을 친구들과 이야기해 보세요.

## 2. 교직실무 절차

유치원 운영은 유치원 목직 및 복표에 따른 계획을 통해 운영된다. 유치원 계획이 정해지면 그에 따른 유아교육이 이루어지며 교육 활동에 대한 평가가 이루어질 수 있다. 이러한 평가는 차년도 유치원 계획에 반영할 수 있다. 이러한 유치원 운영에 대한 절차는 다음과 같다.

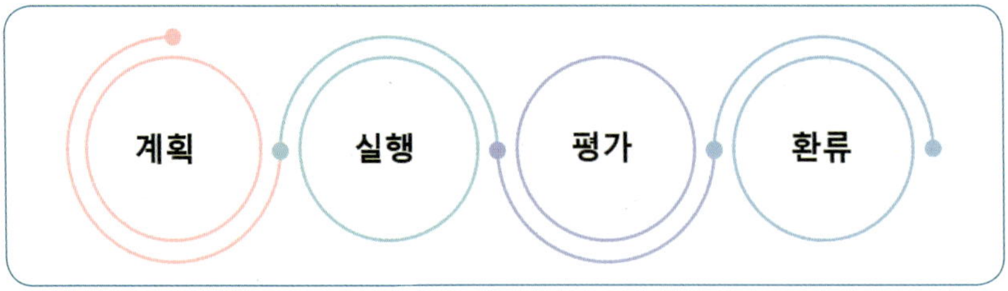

### 1) 계획

유치원에서는 유치원의 비전과 교육 활동 목표에 따라 전년도 유치원 운영에 대한 평가를 반영하여 신학년 유치원 계획을 수립할 수 있다. 이러한 유치원 목적 및 목표, 유치원의 연간교육계획은 유치원 홈페이지나 어플리케이션, 유치원 입학설명회 등을 통해 안내함으로써 유치원에 관련된 교사 및 학부모와 공유하도록 한다.

### 2) 실행

유치원에서 세운 유치원 교육계획은 실제 유치원에서 운영되어야 한다. 따라서 교육과정 및 일과운영을 하는 데 있어 유치원의 계획에 따른 교육이 이루어져야 한다. 실세 유이중신 · 놀이중심 교육과정에서는 교육계획에 따른 비중이 줄어 계획과 다른 활동이 포함될 수 있지만, 전반적인 유치원의 교육 목적 및 목표에 적절한 활동이 이루어져야 한다.

### 3) 평가

계획에 따른 교육과정 운영이 잘 이루어졌는지, 유아의 흥미를 고려하고 발달이 이루어졌는지에 대한 평가가 이루어질 수 있다. 이러한 평가는 유치원 여건과 교육 목표에 알맞은 평가 내용과 평가 문항을 구성하여 평가를 실시할 수 있다. 또한 평가 방법은 정량평가, 정성평가, 만족도 조사 등의 방법을 활용하여 실시한다.

### 4) 환류

유치원에서 이루어진 전반적인 활동이 유치원의 교육 목적 및 목표에 따른 것인지에 대한 것, 교육과정 및 운영에 있어 긍정적인 효과가 나타났는지에 대한 평가 결과를 분석하고 개선방안을 마련하여 차년도 유치원 교육계획 수립에 반영한다. 이러한 환류과정은 전체 교직원 회의 및 워크숍 등을 통해 이루어질 필요가 있다.

**토 론**

유치원 실무에 대한 내용 계획 – 실행 – 평가 – 환류에 있어 자신이 중요하다고 생각하는 과정은 어떤 부분이며 왜 그렇게 생각하는지에 대해 이야기를 나누어 보세요.

## 3. 유치원 운영계획

유치원 운영계획이란 각 유치원의 목적 및 목표에 따른 교육의 기본 방향, 교육 운영 등 전반적인 운영 및 관리를 위해 수립하는 것이다. 유치원 평가 영역에서의 평가지표에 따르면 영역 I 의 유아중심 교육과정 및 방과 후 과정에 대한 영역이다. 이러한 교육과정 편성 · 운영 및 교수학습 지원, 유아교육과정에 대한 평가 및 환류에 대한 내용을 계획하는 것이 운영계획이라 할 수 있나. 따라서 유치원 운영계획서는 유치원의 업무 중 가장 근본적인 업무이며 유치원 운영의 설계도라고 할 수 있다. 유치원 운영계획을 수립하기 위해서는 전년도 운영에 대한 교사와 학부모의 의견을 수렴하여 차년도 계획에 반영하는 것이 좋다.

유치원의 운영 목표는 계획서를 통해서 구체적이고도 현실적으로 수립하게 되는데, 모든 계획은 실천을 전제로 한다. 일반적으로 유치원 원장이나 원감에 의해 작성되며, 계획을 수립하는 노력과 마찬가지로 실천에서도 목표를 달성하려는 노력이 따라야 한다. 특히 유아가 주도하는 놀이를 통해 배움이 일어날 수 있는 교육과정 운영을 계획하여, 교사의 자율성을 기반으로 유아와 함께 실천해 가는 교육을 통해 다양성을 존중한다.

운영계획의 내용으로는 각 교육청 및 각 지역 교육지원청의 유아교육에 대한 방향을 시작으로 유치원의 현황, 실태분석, 유치원 교육의 기본방향, 운영 중점별 추진 계획, 유치원의 교육과정 편성 및 운영, 교육과정 운영 중점 활동, 교육과정 지원 활동, 방과 후 과정 운영계획, 평가 등으로 구성하되 구체적으로 작성한다.

효과적인 유치원 1년 운영계획을 수립하기 위해 다음과 같은 사항이 필요하다. 첫째, 유치원은 국가 수준의 교육과정을 중심으로 유치원의 특성을 고려한다. 둘째, 실천 가능한 교육과정을 만들기 위해 유치원의 원아, 학부모, 지역사회의 현황을 기초로 하여 유치원 실정에 맞는 내용으로 편성되어야 한다. 셋째, 유치원의 창의적이고 특색 있는 교육 내용과 방법이 포함된 계획을 세움으로써 다양한 교육이 이루어질 수 있도록 노력한다. 넷째, 체계적인 교육과 더불어 교사의 전문성을 확보함과 동시에 명확한 업무 분장을 통해 교육 운영이 체계적으로 이루어질 수 있도록 한다.

## 1) 유치원 연간 운영계획

### (1) 교육과정의 기반

- 국가수준 교육과정의 편성 · 운영 지침을 분석한다.
- 각 교육청의 교육 시책, 지표, 유아교육 운영계획을 분석한다.
- 각 유치원의 학습편성 및 원아 현황, 교직원 현황, 교지 및 시설 현황을 분석한다.
- 유치원의 원아, 학부모, 교직원, 시설 환경, 지역사회의 실태를 분석한다.

우리나라 유치원 교육과정은 개정 누리과정에서 제시하는 바와 같이 유아중심 및 놀이중심 교육으로 구성되어 있다. 이전 국가수준 교육과정은 유아의 발달과 생활중심 교육으로 구성되어 있었으며, 이에 따른 교육과정이 운영되었다. 국가수준의 교육과정 외에도 시대에 따라, 지역에 따라, 원장의 교육관에 따라 유치원의 요구하는 바가 다르므로 유치원을 둘러싼 다양한 환경에 대해 확인하는 것이 필요하다. 원아가 적은 지역에서 많은 반을 구성하거나 맞벌이 부부가 많은 지역에서 종일반의 수를 적게 배정하는 등의 사례는 유치원을 둘러싼 요구도를 반영하지 못한 결과이다. 따라서 유치원을 둘러싼 환경 분석은 유치원과 학부모, 지역사회가 필요로 하는 부분을 맞추어 나아가기 위한 과정이라고 할 수 있다. 또한 유치원의 상황에 따라 인가 학급의 수가 다르고 원아의 수가 다르기 때문에 그에 따른 교직원의 현황도 다를 수밖에 없다. 그러므로 유치원 운영계획 시 유치원을 둘러싼 환경 분석은 유치원 운영에 있어 가장 기초가 되며, 지역사회와 학부모의 요구도를 반영함과 동시에 원장의 교육관이 어우러질 필요가 있다.

### (2) 교육 목표 및 교육 중점

- 편성과 운영의 기본 원칙을 결정한다.
- 유치원의 특색을 살리는 창의적인 교육 활동 계획을 수립한다.

유치원의 교육 목표, 교육 중심 방향, 교육과정 편성과 운영의 중점을 어떻게 두어야 할지 정한 후, 원내의 원훈을 교육의 전 과정에서 강조하여 지도한다. 또한 유치원에서 어떤 특색 있는 교육을 실시할 것인지, 교육과정 운영의 지원 활동에 대해 교사협의를 통해 유치원의 특색에 맞는 안전교육, 인성교육, 독서교육, 녹색성장교육, 다문화교육, 생태교육, 장애통합교육 등의 운영 중점 활동을 계획하여 유치원의 특색을 살리도록 한다. 이 외에도 유치원이 위치한 지역적 특성이나 시기에 따른 계절 행사 등 유아의 흥미와 관심이 반영되도록 구성할 수 있다.

운영계획에 있어 연간교육계획안을 작성할 때에는 유아들이 유치원에서 생활하는 동안 경험할 수 있는 내용을 중심으로 선정한다. 실제 개정 누리과정에서 놀이중심 교육과정이 이루어짐에 따라 연간, 월간, 주간, 일일교육계획에 대한 부분이 다소 축소되었으며, 각 유치원의 상황에 따른 계획안을 작성하도록 하였다. 이러한 상황을 고려해 볼 때 연간교육 계획을 함에 있어서는 유아의 발달 수준과 흥미를 고려하여 선정하고 통합적으로 운영하며, 놀이중심으로 계획함에도 불구하고 다소 변경될 수 있음을 유념한다.

### (3) 교육과정 편성·운영

- 교육과정 편성, 운영위원회를 조직하고, 업무 분장을 조직한다.
  (시간 운영, 장소 활용, 교사 조직, 주제 선정, 집단 편성 등)
- 유치원 교육과정의 융통성 있는 운영을 한다.

운영계획 수립 시 교육과정 편성은 교육 목표, 교육 일수와 교육 시간 등 유치원 교육이 궁극적으로 추구하는 목표를 중심으로 이루어져야 한다. 교육을 정상적으로 운영하기 위해 불가피한 경우를 제외하고는 휴원하거나 정해진 교육 시간을 단축하여 운영하지 않으며, 교육 일수와 시간은 개정 누리과정의 지침을 기반으로 유치원의 상황에 따른 교육계획에 따라 작성하도록 한다. 교수 · 학습 방법은 교육 대상인 유아의 발달 특징을 고려하고, 주제, 유아의 요구 및 상황에 기초하여 수용적인 분위기 속에서 전개되어야 한다. 특히 학급 운영은 유아의 특성에 기초하여 교육과정, 생활지도 등으로 나누어 작성한다.

### (4) 교육과정 운영 지원

- 유아교육에 있어 급 · 간식에 대한 지도 및 계획을 조직한다.
- 부모교육 및 교사 연수에 대한 운영을 한다.

유치원 급식은 「유아교육법」 제17조제2항 및 「유아교육법 시행규칙」 제3조에 따라 유치원 원장 책임 아래 급식이 운영되어 왔으나, 유아들의 먹거리 안전과 급식의 질 보장 요구에 따라 「학교급식법」이 개정되었고, 2021년 1월 30일부터 유치원도 「학교급식법」이 적용되었다. 「학교급식법」 대상에서 제외되는 100명 미만 유치원의 급식의 안전성을 확보하기 위해 조리 종사원의 개인위생뿐만 아니라 표준화된 식단 제공과 다양한 영양 정보를 제공하여 영양 · 위생 · 안전의 사각지대가 발생하지 않도록 지원한다. 따라서 각 유치원에서는 지속적으로 급 · 간식에 관심을 갖고 급 · 간식에 대한 안전성을 확보하는 것이 필요하다.

이 외에 교사 지원 및 부모교육을 통한 부모 지원에 대한 영역을 살펴보면, 교사 지원에 있어 교사 장학 및 교사 연수를 통해 교사의 지속적인 성장을 도울 수 있다. 현직교육을 통해 계속적인 성장발달을 도모하는 것은 교사 스스로가 교직에 대한 자긍심이나 소명감을 갖도록 하는 데 도움이 될 뿐만 아니라, 스스로가 전문직에 종사하는 사람으로서 능력을 갖추고 자신감 있게 직무를 수행할 수 있다. 부모교육 또한 부모로서의 역할 및 유치원의 교육에 대한 전반적인 내용을 공유함으로써 신뢰감 형성 및 부모 역할 수행을 도울 수 있다.

### (5) 평가

- 평가 기준에 따라 교육과정을 평가하고 결과를 다음 학년도의 교육과정 · 편성 운영에 반영한다.

계획안에 따른 교육과정의 준비 및 실행은 전반적인 틀을 가지고 교육 내용에 대해 평가할 수 있다. 그러나 놀이중심 교육과정의 경우 교육계획에 대한 부분이 이전보다 약화되었으며, 대신 유아에 대한 놀이를 관찰하고 기록하고 그에 따른 평가와 함께 교육 내용이 평가될 수 있다. 유아가 얼마나 놀이에 몰입하였는지, 얼마나 주제에 관심을 갖고 확장하였는지에 대한 부분이 교육 내용 과정 평가에 포함될 수 있으며 유아에 대한 평가가 함께 이루어질 수 있다.

## 4. 운영계획서 작성

유치원에서 교육청에 제출하는 유치원 운영계획서의 목차 예시는 다음과 같다.

## 목 차

**활 동**

내가 유치원을 운영한다면 어떠한 방향으로 운영할지에 대해 생각해 보고, 각 목차에 대한 내용을 적어 보세요.

Ⅰ. 교육과정의 기반

– 유치원 교육의 기본 방향

Ⅱ. 교육 목표 및 교육 중점

– 교육 목표

Ⅲ. 교육과정 편성 · 운영

– 교육일수 및 시간 운영

Ⅳ. 중점 교육 활동

Ⅴ. 교육과정 운영 지원

– 교원 연수 및 부모교육

Ⅵ. 교육과정 운영 평가

# 제4장 신학기 준비

신학기가 시작되기 전, 교사가 준비해야 할 것이 다양하다. 연간계획이라는 운영계획을 중심으로 교사는 교실 환경 준비, 유아에 대한 기본사항 익히기, 학급 오리엔테이션 등 다양한 것을 계획하고 생각해야 한다. 이 장에서는 신학기 준비에 있어 필요한 사항에 대한 계획 및 준비사항, 오리엔테이션에 대해 알아봄으로써 새로운 학급에 대한 유아의 적응력을 높이고 안정적으로 생활하기 위한 토대를 마련하고자 한다.

**관련자료 : 유치원 신학기 교실 세팅** https://youtu.be/Rq6W6QG5khc

<생각해 보기>

유치원에 유아가 입학하기 전 교사가 준비해야 할 것에 대해 생각해 보세요.

**〈평가지표〉** Ⅰ-1. 유아 · 놀이중심 교육과정 편성 · 운영 및 교수 · 학습 지원

# 1. 학급 편성

학급 편성 시 반 구성은 여러 기준에 따라 이루어질 수 있다. 어린 연령일 경우 1월생 유아와 12월생 유아는 발달의 차이가 두드러지기 때문에 유아의 생년월일에 따라 반을 구성하는 방법이 있으며, 차량의 배치에 따라 반별 구성을 하기도 한다. 차량이 많지 않은 유치원의 경우 차량 배치를 9시, 10시에 맞추어 두 번 운행하기도 한다. 이때 9시에 오는 유아는 2시에 하원, 10시에 오는 유아는 3시에 하원함으로써 한 대의 차량이 두 번 등 · 하원을 시키는 경우이다. 따라서 같은 반에 9시에 오는 유아와 10시에 오는 유아를 함께 배치하는 경우에는 9시에 오는 유아는 10시에 유아가 오기 전까지 자유선택활동을 하거나 소집단 활동을 주로 하게 된다. 이와는 다르게 9시에 오는 유아를 한 반으로 배치하여 운영하고 10시에 오는 유아를 한 반으로 배치하는 경우도 있으므로 학급 편성은 다양한 방법으로 이루어질 수 있다.

〈표 4-1〉 유치원 등 · 하원 시간 분류

| | 9시 | 10시 | 2시 | 3시 |
|---|---|---|---|---|
| A반 | 유치원에서 유아가 활동하는 시간 | | | |
| B반 | | 유치원에서 유아가 활동하는 시간 | | |
| C반 | 유치원에서 유아가 활동하는 시간 | | | |

학급 편성에 대한 원리는 다음과 같다. 첫째, 재원하는 유아들의 경우 형제의 동시 재원 여부를 확인하여 기관의 행사 참여에 불편이 없도록 해야 한다. 둘째, 학급 편성은 유아의 생년월일, 성별, 가족사항, 성격 특성, 이전 연령에서의 발달 사항을 고려하여 배치한다. 셋째, 지도하기 어려운 유아나 소통하기 어려운 학부모의 경우에는 학급 편성 시 가급적이면 경력이 많은 교사에게 배정하도록 해야 한다.

〈표 4-2〉 반 배정

| 대상 연령 | 3세 | | 4세 | | 5세 | |
|---|---|---|---|---|---|---|
| 반이름 | 데이지 | 개나리 | 수선화 | 자스민 | 라일락 | 진달래 |
| 인원수 | 15명 | 16명 | 14명 | 15명 | 20명 | 20명 |
| 계 | 31명 | | 29명 | | 40명 | |

## 2. 원서 및 출석부 확인

유아의 학급 배치가 완료되었으면 교사는 자신의 학급에 속한 유아의 원서를 확인한다. 원서를 통해 교사는 유아의 전반적인 사항을 알 수 있기 때문에 1차적으로 원서를 확인하고, 이후 더 궁금한 점이나 필요한 자료가 있다면 가정에 요청하도록 한다.

출석부는 수기로 작성하는 노트 형태의 출석부와 컴퓨터의 한글이나 엑셀과 같은 소프트웨어를 활용하여 제작하는 형태가 있다. 노트형 출석부는 유아의 출석 기록에 대한 내용을 교사가 직접 수기로 작성하기 때문에 위변조가 어렵다는 장점이 있으나, 전학 온 원아(또는 학기 중간에 입학한 원아)가 있는 경우 오름차순으로 기록하는 데 어려움이 있다. 컴퓨터로 작성한 출석부의 경우에는 유아들의 출석 통계의 산출이나 전학, 전출 같은 변경사항만 적용하면 되기 때문에 활용이 용이하다는 장점이 있다.

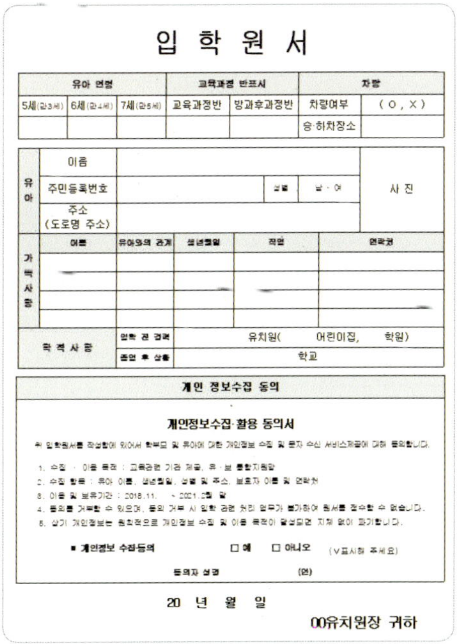

입 학 원 서

| 유아 연령 | | | 교육과정 반표시 | | 차량 | |
|---|---|---|---|---|---|---|
| 5세(만3세) | 6세(만4세) | 7세(만5세) | 교육과정반 | 방과후과정반 | 차량여부 | ( O , X ) |
| | | | | | 승·하차장소 | |

| 유아 | 이름 | | | | 사 진 |
|---|---|---|---|---|---|
| | 주민등록번호 | | 성별 | 남 · 여 | |
| | 주소 (도로명 주소) | | | | |

| 가족사항 | 이름 | 유아와의 관계 | 생년월일 | 직업 | 연락처 |
|---|---|---|---|---|---|
| | | | | | |
| | | | | | |
| | | | | | |
| | | | | | |

| 학적사항 | 입학 전 경력 | 유치원( 어린이집, 학원) |
|---|---|---|
| | 졸업 후 상황 | 학교 |

**개인 정보수집 동의**

**개인정보수집·활용 동의서**

※ 위 입학원서를 작성함에 있어서 학부모 및 유아에 대한 개인정보 수집 및 문자 수신 서비스제공에 대해 동의합니다.

1. 수집 · 이용 목적 : 교육관련 기관 제공, 유·보 통합지원망
2. 수집 항목 : 유아 이름, 생년월일, 성별 및 주소, 보호자 이름 및 연락처
3. 이용 및 보유기간 : 2018.11. ~ 2021.2월 말
4. 동의를 거부할 수 있으며, 동의 거부 시 입학 관련 처리 업무가 불가하여 원서를 접수할 수 없습니다.
5. 상기 개인정보는 원칙적으로 개인정보 수집 및 이용 목적이 달성되면 지체 없이 파기합니다.

■ 개인정보 수집동의 □ 예 □ 아니오 (V표시해 주세요)

동의자 성명 (인)

20 년 월 일

00유치원장 귀하

## 3. 차량 시간표

차량 시간표의 경우 초임교사는 유치원 근방의 지리를 잘 모르는 경우가 많기 때문에 원장 및 원감이나 경력교사가 함께 정하는 것이 효율적이다. 차량을 배치할 때에는 유아의 반별 구성을 함께 고려해야 하는 경우도 있으므로 유아의 학급 편성을 하고 난 후 차량 시간표를 작성하는 것이 좋다. 차량을 이용하는 유아의 경우 등원할 때만 타는 유아, 하원할 때만 타는 유아, 등 · 하원 모두 차량을 이용하는 유아, 유치원 하원 시 태권도나 피아노 등 학원으로 가는 유아도 있으므로 등원하는 유아와 하원하는 유아를 먼저 확인한 후 차량을 배치한다. 또한 오전에 유치원까지 오는 차량에 오래 머물렀다면 하원 시에는 차량에 조금 머무를 수 있도록 배려하여 시간표를 작성한다. 차량 시간표는 부모님께 배포하는 것과 차량 비치를 위한 것으로 나누어 작성하며, 교사는 차량 비치용 시간표를 확인하여 유아를 승하차 시키며, 혹시 문제가 있을 경우 작성되어 있는 유아의 반과 전화번호를 확인하도록 한다.

〈표 4-3〉 차량 및 시간표

1호차 승차인원: 30명

| 구정 | 마을 도착 | 도착 시간 | 구정 | 마을 도착 | 도착 시간 |
|---|---|---|---|---|---|
| 등원 1코스 | 유치원 출발 | 7:50 | 하원 1코스 | 유치원 출발 | 4:30 |
| | 자산 현대빌라 | 8:01 | | 리버캐슬, 도담도담 아파트 | 4:34 |
| | 대자리마을 | 8:08 | | 데레드힐 2차 아파트 | 4:36 |
| | 근영 아파트 | 8:09 | | 리버캐슬, 도담도담 아파트 | 4:38 |
| | 한솔주택 | 8:11 | | 남동발전 사택 (수정 미술학원) | 4:41 |
| | 구) 소방서 앞 | 8:13 | | 한양웰 아파트 | 4:43 |
| | 한양웰 아파트 | 8:15 | | 명조 미술클럽스 | 4:45 |
| | 남동발전 사택 (수정 미술학원) | 8:18 | | 한솔주택 | 4:47 |
| | 로열리안 아파트 | 8:21 | | 근영 아파트 | 4:48 |
| | 데레드힐 2차 아파트 | 8:24 | | 명성공판장 | 4:56 |
| | 리버캐슬, 도담도담 아파트 | 8:25 | | 자산 현대빌라 | 5:00 |
| | 유치원 도착 | 8:30 | | 대자리마을 | 5:08 |
| | | | | 공단, 한영소 | 5:18 |
| | | | | 유치원 도착 | 5:28 |

학부모 배부용

1. 해바라기 1호차 등교 — 이용용 부장님/010-7581-8789

| | 반명 | 이름 | 전화번호 | 등교 | 하교 | 장소 | 비고 |
|---|---|---|---|---|---|---|---|
| 1 | 열매반 | 김 | | 8:09 | 4:19 | 빵집앞 | |
| 2 | 새싹반 | 홍 | | 8:12 | 4:22 | 다솜빌라 앞 | |
| 3 | 새싹반 | 대 | | 8:16 | 4:26 | 107동앞 | |
| 4 | 열매반 | 최 | | 8:20 | 4:30 | 대성간판 | |
| 5 | 새싹반 | 임 | | 8:22 | 4:14 | 육채소앞 | |
| 6 | 열매반 | 김 | | 8:23 | 4:15 | 교회앞 | |
| 7 | 새싹반 | 김 | | 8:27 | 화목-6:12(해바라기) 수금-6:07(민들레) | 등원 - 국민은행 앞 하원 - 동우유치원 세븐일레븐 | 월-미술학원, 화~금-종일반 |
| 유치원 도착 | | | | 8:33 | | | |

2. 해바라기 2호차 등교

| 유치원 출발 (8:35) | | | | | | | |
|---|---|---|---|---|---|---|---|
| | 반명 | 이름 | 전화번호 | 등교 | 하교 | 장소 | 비고 |
| 1 | 새싹반 | 이 | | 8:40 | 4:30(민들레) | 사우기기 앞 | |
| 2 | 열매반 | 이 | | | | | |
| 3 | 열매반 | 장 | | 8:42 | 4:32(민들레) | 집앞 | |
| 4 | 새싹반 | 한 | | 8:47 | 화-6:05(해바라기) 목 -4:37(민들레) 수금-6:12(해바라기) | 104동앞 | 월-미술학원, 목- 청심학원, 화수금 - 종일반 |
| 유치원 도착 | | | | 8:52 | | | |

교사를 위한 차량 비치용

## 4. 교실 환경 구성

교실은 유아들이 가장 많은 시간을 보내는 곳이므로 깔끔하면서도 유아가 활동하기 적합하도록 공간을 배치하는 것이 필요하다. 교실은 교사가 영역 자체를 어떻게 조직하고 합리적으로 계획하여 구성하느냐에 따라 유아교육에 영향을 줄 수 있다. 이야기 나누기와 같이 대그룹 활동을 하는 영역은 교실에서 중심 역할을 한다. 따라서 이야기 나누기를 하는 영역은 바닥에 카펫을 깔거나 바닥에 색테이프를 붙여 주변과 구별되도록 하고, 적당한 거리로 앉아서 활동할 수 있도록 한다. 이 외에 교실은 교구장으로 나누어 유아들이 각자 원하는 영역에서 활동할 수 있도록 한다. 교실 환경 구성에 대한 자세한 사항은 제9장의 환경 구성에서 구체적으로 확인할 수 있다.

한국교원대학교 부설유치원

백석대학교 부설유치원

## 5. 신학기 자료 준비

### 1) 다양한 이름표

출석표, 가방걸이, 포트폴리오 화일, 신발장, 사물함, 흥미영역 이름표, 어린 연령의 경우 책상, 바닥 자리에도 이름표를 붙일 수 있다. 학기초 유아는 교실 곳

곳에 있는 자신의 이름을 살펴보면서 유치원에 대한 소속감을 가질 수 있다. 어린 연령의 경우 유아의 사진과 이름을 함께 넣어 자신의 얼굴을 보고 물건을 찾고 자연스럽게 이름을 익힐 수 있도록 하며, 연령이 높아짐에 따라 글자만 제시하기도 한다.

신학기 유치원에서 배부하는 물품은 원장의 재량에 따라 변화가 있다. 교복을 선물로 배부하는 원이 있는가 하면, 유아의 개인 물품인 크레파스, 색연필, 사인펜을 지급하기도 한다. 이 외에도 식판이나 수건을 배부하는 원도 있을 수 있다. 교사는 유아의 물품이 선물로 지급되거나 학부모가 준비해 오는 과정에서 유아의 물품이 없어지는 것을 방지하기 위하여 이름을 적어 줄 수 있으며, 각 유아의 가정에 공지하여 유아 물품에 이름표를 붙여 오도록 한다. 이름표가 부착될 물품의 종류는 기본적으로 크레파스, 색연필, 사인펜 등이다. 유아의 이름뿐만 아니라 교실 내 흥미영역에 필요한 교재교구에 명칭을 표기해 두는 것도 유아의 언어능력을 증진하는 데 도움이 된다.

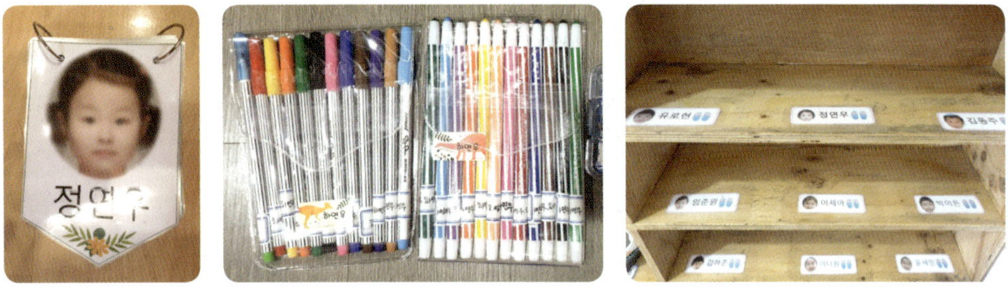


다양한 이름표

### 2) 날짜판

유아들이 매일 유치원에 등원하여 그날이 무슨 요일인지, 며칠인지 인식하도록 하여 날짜 개념과 수 개념을 자연스럽게 익힐 수 있게 한다. 또한 날씨판에 오늘의 날씨를 표시하여 맑음, 흐림, 비, 눈 등 일기의 변화를 인지할 수 있도록 돕는다. 이러한 날짜판은 대부분 하드보드지나 폼보드 등으로 만든다. 날짜판의 경우 각 월(1~12월)의 숫자인 1~12와, 날짜인 일(1~31일)에 해당하는 숫자 1~31을 만든다. 또한 월요일에서 금요일까지의 첫 글자인 월~금을 숫자와 같은 형식으로 만든다. 날짜는 유아가 바꿀 수도 있으므로 까끌이와 보슬이로 할 경우 숫자에 가급적 보슬이를 붙이고, 고리에 걸 경우 위에 펀치를 이용하여 구멍을 뚫는다.

날짜판 예시

### 3) 하루 일과표 및 영역표

하루 일과표는 유아에게 시간의 개념을 익히게 하며, 오늘 하루에 일어날 일들을 미리 알게 된다는 점에서 안정감을 준다. 하루 일과표에는 등원부터 유치원에서 할 수 있는 활동들을 모두 적어 놓고 이를 바꾸어 가며 사용하도록 한다.

영역표는 자유선택활동 시간에 활동을 하는 영역, 교사가 교실에 배치한 영역을 유아에게 알려주며 동시에 유아의 이름표를 붙여 각 활동영역에 유아의 수를 제한하는 용도로 활용되기도 한다. 천장에 영역 표시를 붙여 영역을 한눈에 알아볼 수 있도록 하는 영역판만 제시하거나, 교구장에 붙여 영역에 따라 활동할 수 있는 인원을 제한하기도 한다.

하루 일과표

교실 영역표

### 4) 생일판 및 투약함

유아들은 자신의 생일과 친구들의 생일을 기억하고 축하해 주고 축하받으면서 자신의 정체성을 인식하게 되고 함께하는 공동체의 일원으로의 생활을 할 수 있도록 지지받는다. 생일 주인공이 되어 또래로부터 주목을 받는 경험은 자존감 형성에 많은 도움이 될 수 있으며, 서로 축하하고 고마워하는 과정에서 사회성이 증진될 수 있다. 또한 투약함은 유아가 아플 때 부모님이 보내 주신 약을 교사가 잊지 않기 위해 만드는 것이다. 부모가 투약의뢰서와 약을 보내 주면 투약함에 넣어 놓았다가 점심식사 이후 유아에게 약을 투약하도록 한다.

생일 축하판

투약함

## 6. 입학설명회 및 오리엔테이션

학부모 입학설명회는 신입 원아의 학부모를 대상으로 전반적인 유치원 교육(유치원 교육 방침, 교육 방향, 교직원 소개 등)을 소개하는 행사이다. 학부모 입학설명회의 목적은 유치원에 대한 홍보를 통해 유치원에 대한 전반적인 사항을 알리는 것이다. 입학설명회는 유치원의 상황에 따라 11월 말에서 12월 초에 진행한다.

학부모 오리엔테이션은 입학하기로 한 신입 유아와 재원 유아의 부모를 대상으로 한다. 이러한 학부모 오리엔테이션은 유치원과 가정과의 긴밀한 유대관계를 형성하고, 교사와 부모 간의 신뢰감 형성을 토대로 학부모를 유치원 교육의 협조자로 만들고 유아교육에 있어 일관성을 갖기 위함이다. 오리엔테이션은 입학 1~2주 전에 실시하며, 필요한 내용을 담은 안내책자를 배부하거나 사진자료나 영상자료를 이용하여 학부모의 이해를 돕는다. 이러한 오리엔테이션은 각 유치원의 상황에 따라 여러 형태로 진행된다. 실제 입학식을 하지 않고 등원하는 첫날 오리엔테이션을 진행하는 원도 있으며, 학기 시작 1~2주 전에 부모와 유아의 오리엔테이션을 진행한 후 입학식을 진행하는 원도 있다. 부모와 함께 진행하는 오리엔테이션의 경우 유아가 안정감을 가지고 활동에 관심을 갖는 시간이 될 수 있다.

입학 설명회

오리엔테이션

# 7. 유아 입학식

입학식은 유아가 유치원에 입학한다는 의미에서 교육기관에 대한 의미를 크게 가지는 과정으로도 중요하다고 할 수 있다. 입학식은 유아가 힘들어하지 않도록 짧게 진행하고, 원가를 불러봄으로써 유치원에 대한 관심을 가질 수 있게 하며, 원장님 말씀을 경청하도록 한다. 또한 각 반 선생님을 소개하고 자신의 교실을 둘러보는 시간을 통해 유치원과 친구들에게 관심을 가질 수 있게 한다. 따라서 유아가 입학식을 통해 새로운 환경에 대한 흥미를 느끼고 좋은 느낌을 받을 수 있도록 준비한다.

입학식

**토 론**

유아의 3, 4, 5세 중 어떤 연령을 담당하고 싶은지에 대해 생각해 보고 그 이유에 대하여 친구들과 이야기를 나누어 보세요.

# 제5장 교육과정 운영

교육부는 국정과제 구현과 출발선 평등 실현을 위해 2017년 12월 '유아교육 혁신방안'을 발표하였다. '유아교육 혁신방안'의 주요 내용으로 '유아가 중심이 되는 놀이 위주의 교육과정 개편'이 명시되었다. 이에 유아·놀이중심 교육과정 개편 방향을 반영하여 2019년 7월, 「개정 누리과정」이 고시되었다. 이 장에서는 누리과정 운영에 대한 내용에 대해 알아보고자 한다.

**관련자료 :** EBS https://youtu.be/vriI6bXW6Yk

<생각해 보기>

개성 누리과정의 특성에 대하여 이야기해 보세요.

**〈평가지표〉** Ⅰ-1. 유아 · 놀이 중심 교육과정 편성 · 운영 및 교수 · 학습 지원

Ⅰ-2. 유아 · 교육과정 평가 및 환류

Ⅰ-4. 돌봄과 쉼이 있는 방과 후 과정

# 1. 개정 누리과정

개정 누리과정은 유치원과 어린이집에 다니는 3~5세 유아에게 공통으로 적용되는 교육과정으로, 2020년 3월부터 시행되었다. 누리과정에 나타난 내용을 살펴보면 다음과 같다.

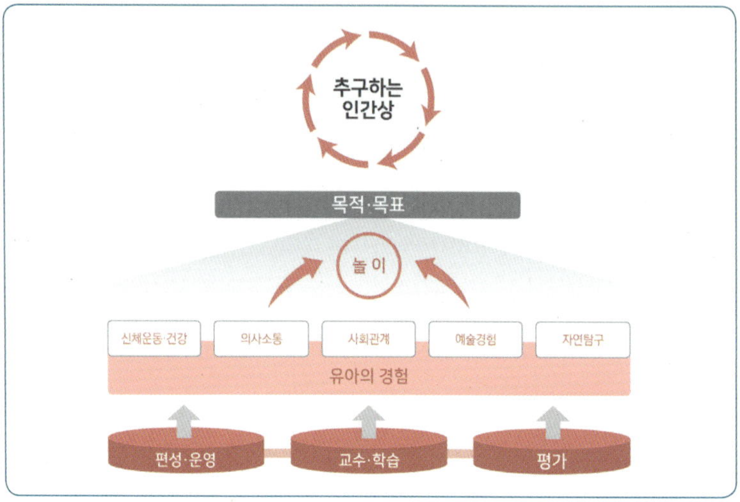


출처 : 누리과정 해설서

## 1) 인간상

개정 누리과정은 '추구하는 인간상'을 제시하여 교육과정으로서 구성 체계를 확립하였다. 개정 누리과정이 제시한 인간상은 건강한 사람, 자주적인 사람, 창의적인 사람, 감성이 풍부한 사람, 더불어 사는 사람이다.

## 2) 목적

개정 누리과정의 목적은 유아가 놀이를 통해 심신의 건강과 조화로운 발달을 이루고 바른 인성과 민주 시민의 기초를 형성하는 데에 있다.

### 3) 목표

첫째, 자신의 소중함을 알고, 건강하고 안전한 생활습관을 기른다.

둘째, 자신의 일을 스스로 해결하는 기초능력을 기른다.

셋째, 호기심과 탐구심을 가지고 상상력과 창의력을 기른다.

넷째, 일상에서 아름다움을 느끼고 문화적 감수성을 기른다.

다섯째, 사람과 자연을 존중하고 배려하며 소통하는 태도를 기른다.

### 4) 운영

편성 · 운영은 유치원과 어린이집에서 유아 · 놀이중심 교육과정을 편성하고 운영하기 위해 고려해야 할 공통적 기준을 안내한 것이다.

① 1일 4~5시간을 기준으로 편성한다.

② 일과 운영에 따라 확장하여 편성할 수 있다.

③ 누리과정을 바탕으로 각 기관의 실정에 적합한 계획을 수립하여 운영한다.

④ 하루 일과에서 바깥놀이를 포함하여 유아의 놀이가 충분히 이루어지도록 편성하여 운영한다.

⑤ 성, 신체적 특성, 장애, 종교, 가족 및 문화적 배경 등으로 인한 차별이 없도록 편성하여 운영한다.

⑥ 유아의 발달과 장애 정도에 따라 조정하여 운영한다.

⑦ 가정과 지역사회와의 협력과 참여에 기반하여 운영한다.

⑧ 교사 연수를 통해 누리과정의 운영이 개선되도록 한다.

### 5) 교수-학습 방법

교수 · 학습은 유아가 즐겁게 놀이하며 스스로 배울 수 있도록 교사가 지원할 때 고려해야 할 사항이다.

① 유아가 흥미와 관심에 따라 놀이에 자유롭게 참여하고 즐기도록 한다.
② 유아가 놀이를 통해 배우도록 한다.
③ 유아가 다양한 놀이와 활동을 경험할 수 있도록 실내외 환경을 구성한다.
④ 유아와 유아, 유아와 교사, 유아와 환경 간에 능동적인 상호작용이 이루어지도록 한다.
⑤ 5개 영역의 내용이 통합적으로 유아의 경험과 연계되도록 한다.
⑥ 개별 유아의 요구에 따라 휴식과 일상생활이 원활히 이루어지도록 한다.
⑦ 유아의 연령, 발달, 장애, 배경 등을 고려하여 개별 특성에 적합한 방식으로 배우도록 한다.

### 6) 평가

개정 누리과정은 평가를 간략화하고 각 기관의 자율적인 평가를 강조하였다. 유치원과 어린이집은 평가의 목적, 대상, 방법, 결과의 활용을 바탕으로 누리과정 평가를 자율적으로 실시할 수 있다

① 누리과정 운영의 질을 진단하고 개선하기 위해 평가를 계획하고 실시한다.
② 유아의 특성 및 변화 정도와 누리과정의 운영을 평가한다.
③ 평가의 목적에 따라 적합한 방법을 사용하여 평가한다.
④ 평가의 결과는 유아에 대한 이해와 누리과정 운영 개선을 위한 자료로 활용할 수 있다.

### 7) 개정 누리과정의 내용 범주

#### (1) 신체운동·건강

신체운동 · 건강 영역의 목표 및 내용 범주는 유아가 다양한 신체활동에 즐겁게 참여하고, 청결과 위생, 즐거운 식사, 적당한 휴식을 통해 건강한 생활습관을 기르

며, 일상에서 안전하게 생활하는 방법을 배우고 실천하는 내용으로 구성되어 있다.

① 신체활동 즐기기 – 유아가 스스로 신체를 움직이는 동안 자연스럽게 자신의 신체를 인식하고 조절하며, 실내외에서 다양한 신체활동에 자발적으로 참여하면서 신체활동을 즐기는 내용이다.

② 건강하게 생활하기 – 유아가 스스로 몸과 주변을 깨끗이 하고, 즐겁게 식사하며, 자신의 신체 리듬에 맞게 휴식을 취하고, 질병을 예방하는 다양한 방법을 실천하는 내용이다.

③ 안전하게 생활하기 – 유아가 안전하게 놀이하고 생활하며, 자주 접하는 TV, 컴퓨터, 스마트폰을 바르게 사용하고, 안전하게 다닐 수 있도록 교통안전 규칙을 지키며, 안전사고, 화재, 재난, 학대, 유괴 등의 위험한 일이 발생하였을 때 도움을 요청하거나 대처할 수 있는 방법을 경험하는 내용이다.

〈표 5-1〉 신체운동 · 건강 내용 범주 및 내용

| 내용 범주 | 내 용 |
|---|---|
| 신체활동 즐기기 | 신체를 인식하고 움직인다. |
| | 신체 움직임을 조절한다. |
| | 기초적인 이동운동, 제자리 운동, 도구를 이용한 운동을 한다. |
| | 실내외 신체활동에 자발적으로 참여한다. |
| 건강하게 생활하기 | 자신의 몸과 주변을 깨끗이 한다. |
| | 몸에 좋은 음식에 관심을 가지고 바른 태도로 즐겁게 먹는다. |
| | 하루 일과에서 적당한 휴식을 취한다. |
| | 질병을 예방하는 방법을 알고 실천한다. |
| 안전하게 생활하기 | 일상에서 안전하게 놀이하고 생활한다. |
| | TV, 컴퓨터, 스마트폰 등을 바르게 사용한다. |
| | 교통안전 규칙을 지킨다. |
| | 안전사고, 화재, 재난, 학대, 유괴 등에 대처하는 방법을 경험한다. |

## 내용 범주: 건강하게 생활하기

**목표** 건강한 생활습관을 기른다.

**내용**
- 자신의 몸과 주변을 깨끗이 한다.
- 몸에 좋은 음식에 관심을 가지고 바른 태도로 즐겁게 먹는다.
- 하루 일과에서 적당한 휴식을 취한다.
- 질병을 예방하는 방법을 알고 실천한다.

### 내용 이해

**자신의 몸과 주변을 깨끗이 한다.**

유아가 손을 씻고 이를 닦는 등 몸을 깨끗이 하는 적절한 방법을 알고 실천하며, 자기 주변을 깨끗하게 정리정돈하는 내용이다.

**몸에 좋은 음식에 관심을 가지고 바른 태도로 즐겁게 먹는다.**

유아가 몸을 건강하게 하는 음식에 관심을 가지고, 음식을 소중히 여기며, 제자리에 앉아서 골고루 즐겁게 먹는 내용이다.

### 유아 경험의 실제

시금치무침 요리 활동 중에, 교사는 유아가 데친 시금치를 맛보고 싶다고 하여 맛보게 한다. 유아들이 "맛있어?", "맛없지?", "난 시금치 안 좋아해. 안 먹을래."라고 말하며 인상을 찌푸린다. 교사가 "시금치에 양념 옷을 입혀 맛있게 변신시켜 줄까?" 하고 말한 후, 유아들에게 직접 깨소금, 참기름 등의 여러 양념을 넣고 손으로 무쳐 보게 한다. 유아들은 "우와! 좋은 냄새 난다.", "맛있겠다!", "저도 주세요."라고 말한다.

출처 : 2019 개정 누리과정 해설서.

### (2) 의사소통

① 듣기와 말하기 – 유아가 다른 사람의 말이나 이야기를 관심 있게 듣고, 자신의 경험, 느낌, 생각을 상황에 적절한 단어를 사용하여 말하고, 고운 말을 사용하는 내용이다.

② 읽기와 쓰기에 관심 가지기 – 유아가 말과 글의 관계에 관심을 가지고, 주변의 상징, 글자 등을 읽으며, 자신의 생각을 글자와 비슷한 형태로 표현해 보는 내용이다.

③ 책과 이야기 즐기기 – 유아가 다양한 책에 관심을 가지고 상상하며, 동화, 동시에서 말의 재미를 느끼고, 말놀이와 이야기 짓기를 즐기는 내용이다.

〈표 5-2〉 의사소통 내용 범주 및 내용

| 내용 범주 | 내 용 |
|---|---|
| 듣기와 말하기 | 말이나 이야기를 관심 있게 듣는다. |
| | 자신의 경험, 느낌, 생각을 말한다. |
| | 상황에 적절한 단어를 사용하여 말한다. |
| | 상대방이 하는 이야기를 듣고 관련해서 말한다. |
| | 바른 태도로 듣고 말한다. |
| | 고운 말을 사용한다. |
| 읽기와 쓰기에 관심 가지기 | 말과 글의 관계에 관심을 가진다. |
| | 주변의 상징, 글자 등의 읽기에 관심을 가진다. |
| | 자신의 생각을 글자와 비슷한 형태로 표현한다. |
| 책과 이야기 즐기기 | 책에 관심을 가지고 상상하기를 즐긴다. |
| | 동화, 동시에서 말의 재미를 느낀다. |
| | 말놀이와 이야기 짓기를 즐긴다. |

## 내용 범주: 듣기와 말하기

**목표** 일상생활에서 듣고 말하기를 즐긴다.

**내용**
- 말이나 이야기를 관심 있게 듣는다.
- 자신의 경험, 느낌, 생각을 말한다.
- 상황에 적절한 단어를 사용하여 말한다.
- 상대방이 하는 이야기를 듣고 관련해서 말한다.
- 바른 태도로 듣고 말한다.
- 고운 말을 사용한다.

### 내용 이해

**말이나 이야기를 관심 있게 듣는다.**

유아가 다른 사람이 하는 말과 흥미로운 주제, 익숙한 경험이 담긴 이야기에 관심을 가지며 듣는 내용이다.

**자신의 경험, 느낌, 생각을 말한다.**

유아가 상대방에게 자신의 경험, 느낌, 생각을 자유롭게 말하는 내용이다.

**상황에 적절한 단어를 사용하여 말한다.**

유아가 때와 장소, 대상과 상황을 고려하여 적절한 단어와 문장을 선택하여 말하는 내용이다.

### 유아 경험의 실제

유아가 친구들에게 동물원에 놀러갔던 이야기를 신나고 재미있게 들려 준다. 유아는 "나는 호랑이다. 어흥!" 하며 눈을 크게 뜨고, 목소리를 굵고 거칠게 한다. 이어 원숭이에 대한 이야기를 할 때는 가늘고 날카로운 음성으로 바꿔 말한다. 옆에서 이야기를 듣던 유아들이 원숭이 동작과 목소리를 흉내내며 웃는다.

유아들이 병원놀이를 한다. 의사 역할을 하는 유아가 "어디가 아파서 오셨어요?"라고 묻자 환자 역할을 하는 유아가 "의사 선생님, 배가 너무 아파요."라고 말하며 배를 움켜쥔다. 의사가 진찰을 한 후 옆에 있던 간호사 역할을 하는 유아가 "이쪽으로 오세요. 주사 맞아야 합니다."라고 말한다.

출처 : 2019 개정 누리과정 해설서.

### (3) 사회관계

① 나를 알고 존중하기 – 유아가 자신을 나타낼 수 있는 것과 자신의 감정을 알고 상황에 맞게 적절하게 표현하며, 자신이 할 수 있는 것을 스스로 해 봄으로써, 긍정적인 자아존중감과 자율성을 경험하는 내용이다.

② 더불어 생활하기 – 유아가 가족의 의미와 소중함을 알며, 친구와 서로 돕고 양보, 배려, 협력하며 사이좋게 지내고, 사람들마다 감정, 생각, 행동이 각기 다름을 알고 존중하며, 친구와의 갈등을 여러 가지 긍정적인 방법으로 해결하는 내용이다. 또한 친구와 어른께 예의 바른 태도로 말하고 행동하며, 사회 공동체의 일원으로서 약속과 규칙의 필요성을 알고 지키는 내용이다.

③ 사회에 관심 가지기 – 유아가 사회 구성원으로서 자신이 사는 지역에 관심을 가지고 탐구하며, 우리나라의 상징, 언어, 문화를 알아 가면서 대한민국 국민으로서 긍지와 자부심을 가지는 내용이다. 그리고 다른 나라의 다양한 문화에 관심을 가지고 존중하는 경험을 담고 있다.

〈표 5-3〉 사회관계 내용 범주 및 내용

| 내용 범주 | 내 용 |
|---|---|
| 나를 알고 존중하기 | 나를 알고 소중히 여긴다. |
| | 나의 감정을 알고 상황에 맞게 표현한다. |
| | 내가 할 수 있는 것을 스스로 한다. |
| 더불어 생활하기 | 가족의 의미를 알고 화목하게 지낸다. |
| | 친구와 서로 도우며 사이좋게 지낸다. |
| | 친구와의 갈등을 긍정적인 방법으로 해결한다. |
| | 서로 다른 감정, 생각, 행동을 존중한다. |
| | 친구와 어른께 예의 바르게 행동한다. |
| | 약속과 규칙의 필요성을 알고 지킨다. |
| 사회에 관심 가지기 | 내가 살고 있는 곳에 대해 궁금한 것을 알아본다. |
| | 우리나라에 대해 자부심을 가진다. |
| | 다양한 문화에 관심을 가진다. |

## 내용 범주: 사회에 관심 가지기

**목표** 우리가 사는 사회와 다양한 문화에 관심을 가진다.

**내용**
- 내가 살고 있는 곳에 대해 궁금한 것을 알아본다.
- 우리나라에 대해 자부심을 가진다.
- 다양한 문화에 관심을 가진다.

### 내용 이해

**내가 살고 있는 곳에 대해 궁금한 것을 알아본다.**

유아가 자주 접하는 가까운 주변 지역과 이웃에 대해 관심을 가지고, 궁금한 것을 알아보며, 지역 구성원으로서 유대감과 소속감을 느끼는 내용이다.

**우리나라에 대해 자부심을 가진다.**

유아가 우리나라의 전통에 친숙해지고, 우리나라의 상징, 언어, 문화 등을 경험하면서, 우리나라에 대해 자랑스러운 마음을 가지는 내용이다.

**다양한 문화에 관심을 가진다.**

유아가 다른 나라의 다양한 문화와 생활양식에 대해 관심을 가지고, 문화의 다양성을 이해하며 존중하는 내용이다.

### 유아 경험의 실제

유아들이 함께 블록으로 동네를 만든다. 유아들은 도서관을 만들면서 이야기를 나눈다. "여기는 도서관! 우리 도서관 가봤지? 우리 동네에 도서관이 있으니까 좋다. 그치?", "응, 선생님한테 내일 또 도서관 가자고 말씀드리자."

바깥 놀이터에서 유아들과 선생님이 이야기를 나눈다.

우재: 너희들은 우리나라에서 누가 제일 좋아?
유아들: 이순신 장군! 세종대왕!
교사: 왜 좋아하는데?
시연: 한글을 만들었잖아요. 나는 한글을 진짜 잘 쓰는데, 한번 보세요. (모래 바닥에 나뭇가지로 자신의 이름을 쓴다.)
유아들: 나도 내 이름 써야지, 아! 맞다. 내일 한글날이라 했지.

출처 : 2019 개정 누리과정 해설서.

### (4) 예술경험

① 아름다움 찾아보기 – 유아가 자연과 생활에서 아름다움을 느끼며, 예술적 요소에 관심을 가지고 찾아보는 내용이다.

② 창의적으로 표현하기 – 유아가 노래를 즐겨 부르고, 간단한 소리와 리듬을 만들어 보며, 자유롭게 움직이며 춤추고, 다양한 미술 재료와 도구를 활용하여 표현하며, 경험과 이야기를 극놀이로 표현하는 내용이다.

③ 예술 감상하기 – 유아가 자신과 또래의 작품뿐만 아니라 다양한 예술을 감상하며 상상하기를 즐기고, 서로 다른 예술 표현을 존중하며, 우리 고유의 전통 예술에 친숙해지는 내용이다

〈표 5-4〉 예술경험 내용 범주 및 내용

| 내용 범주 | 내 용 |
|---|---|
| 아름다움 찾아보기 | 자연과 생활에서 아름다움을 느끼고 즐긴다. |
| | 예술적 요소에 관심을 갖고 찾아본다. |
| 창의적으로 표현하기 | 노래를 즐겨 부른다. |
| | 신체, 사물, 악기로 간단한 소리와 리듬을 만들어 본다. |
| | 신체나 도구를 활용하여 움직임과 춤으로 자유롭게 표현한다. |
| | 다양한 미술 재료와 도구로 자신의 생각과 느낌을 표현한다. |
| | 극놀이로 경험이나 이야기를 표현한다. |
| 예술 감상하기 | 다양한 예술을 감상하며 상상하기를 즐긴다. |
| | 서로 다른 예술 표현을 존중한다. |
| | 우리나라 전통 예술에 관심을 갖고 친숙해진다. |

## 내용 범주: 예술 감상하기

**목표** 다양한 예술 표현을 존중한다.

**내용**
- 다양한 예술을 감상하며 상상하기를 즐긴다.
- 서로 다른 예술 표현을 존중한다.
- 우리나라 전통 예술에 관심을 갖고 친숙해진다.

### 내용 이해

**다양한 예술을 감상하며 상상하기를 즐긴다.**

유아가 자신과 또래의 작품이나 음악, 춤, 미술작품, 극 등 다양한 예술을 감상하고 자유롭게 상상하기를 즐기는 내용이다.

**서로 다른 예술 표현을 존중한다.**

유아가 자신과 또래의 작품, 음악, 춤, 미술작품, 극 등에 포함된 다양한 표현을 존중하는 내용이다.

**우리나라 전통 예술에 관심을 갖고 친숙해진다.**

유아가 우리나라 고유의 전통 음악, 춤, 미술, 건축물, 극 등에 관심을 가지고 전통 예술을 감상하며 우리나라 문화에 친숙해지는 내용이다.

### 유아 경험의 실제

유아들이 분홍색 한지를 구기고 찢어서 꾸민 봄꽃 작품을 감상하며 "와! 예쁘다. 어! 이건 어떻게 했지? 이렇게 하니까 진짜 꽃 같다. 꽃 냄새 맡아 보자. 흠, 꼭 봄꽃 요정이 나타날 것 같아, 그치?" 하며 친구와 마주 보고 웃는다.

유아들이 '밀양 아리랑'을 들으며 장구를 자유롭게 두드린다. 한 유아가 "얘들아! 날 좀 보소." 하고 노래를 흥얼거리며 두 손으로 장구를 두드린다. 옆에 있던 유아가 장구를 세운 후 두드리며 "나는 세워서 두드려야지. 2개로도 할 수 있어."라고 말한다. 그러니까 옆에서 바라보던 유아가 "어? 세워서도 할 수 있네. 그렇게 쳐도 좋은 것 같다."라고 말한다.

출처 : 2019 개정 누리과정 해설서.

### (5) 자연탐구

① 탐구과정 즐기기 – 유아가 주변 세계와 자연에 대해 지속적으로 호기심을 가지고, 궁금한 것을 탐구하는 과정에 적극적으로 참여하면서 서로 다른 생각에 관심을 갖는 내용이다.

② 생활 속에서 탐구하기 – 유아가 물체의 특성과 변화를 여러 가지 방법으로 탐색하고, 물체를 세어 수량을 알아보고, 물체의 위치와 방향, 모양을 알고 구별하며, 길이와 무게 등의 속성을 비교하고, 반복되는 규칙을 찾아보고, 모은 자료들을 기준에 따라 분류하며, 도구와 기계에 관심을 가지고 생활 속의 문제를 다양하게 탐구하는 내용이다.

③ 자연과 더불어 살기 – 유아가 주변의 동식물에 대해 관심을 가지고, 생명과 자연환경을 소중히 여기며, 날씨와 계절의 변화를 생활과 관련짓는 내용이다.

〈표 5-5〉 자연탐구 내용 범주 및 내용

| 내용 범주 | 내 용 |
|---|---|
| 탐구과정 즐기기 | 주변 세계와 자연에 대해 지속적으로 호기심을 가진다. |
| | 궁금한 것을 탐구하는 과정에 즐겁게 참여한다. |
| | 탐구과정에서 서로 다른 생각에 관심을 가진다. |
| 생활 속에서 탐구하기 | 물체의 특성과 변화를 여러 가지 방법으로 탐색한다. |
| | 물체를 세어 수량을 알아본다. |
| | 물체의 위치와 방향, 모양을 알고 구별한다. |
| | 일상에서 길이, 무게 등의 속성을 비교한다. |
| | 주변에서 반복되는 규칙을 찾는다. |
| | 일상에서 모은 자료를 기준에 따라 분류한다. |
| | 도구와 기계에 대해 관심을 가진다. |
| 자연과 더불어 살기 | 주변의 동식물에 관심을 가진다. |
| | 생명과 자연환경을 소중히 여긴다. |
| | 날씨와 계절의 변화를 생활과 관련짓는다. |

## 내용 범주: 자연과 더불어 살기

**목표** 생명과 자연을 존중한다.

**내용**
- 주변의 동식물에 관심을 가진다.
- 생명과 자연환경을 소중히 여긴다.
- 날씨와 계절의 변화를 생활과 관련짓는다.

### 내용 이해

**주변의 동식물에 관심을 가진다.**

유아가 등·하원, 산책, 바깥 놀이터, 교실에서 접할 수 있는 동식물을 관찰하거나 직접 길러 보면서, 동식물의 특성에 관심을 가지고 탐구하는 내용이다.

**생명과 자연환경을 소중히 여긴다.**

유아가 동식물뿐만 아니라 동식물이 살아가기에 좋은 환경에 대해 관심을 가지고, 이들을 생명체로서 소중히 여기는 내용이다.

**날씨와 계절의 변화를 생활과 관련짓는다.**

유아가 낮과 밤, 날씨, 계절의 변화를 느끼고, 자연의 변화가 자신의 옷차림, 놀이 등 일상생활에 영향을 준다는 것을 이해하고 적절하게 대처하는 내용이다.

### 유아 경험의 실제

성민: 저, 도토리 엄청 주웠어요.
교사: 벌써 도토리가 떨어져 있었어?
성민: 네. 다람쥐들이 도토리를 많이 먹으라고 조금만 주웠어요.
교사: 어머! 네가 주워 온 도토리를 보니까 정말 가을이 온 걸 알겠구나. 네 말대로 다람쥐들은 맛있는 도토리를 먹는 가을이라서 신나겠다.
성민: 저는요. 가을이 제일 좋아요.
교사: 아~ 그렇구나. 왜?
성민: 가을은 진짜 시원하잖아요. 난 더운 날씨가 싫어요.

유아가 개미를 발견하고 모두 놀란다. "야 개미다.", "여기 봐.", "으-악", "무시운 거 아니야." 한 유아가 "열매 같은 걸 가져가나 봐. 무겁겠다.", "배가 고픈가 봐.", "어디로 가지?", "밟지 마."라고 이야기하며 개미가 지나갈 수 있도록 몸을 옆으로 비키며 개미를 쳐다본다.

출처 : 2019 개정 누리과정 해설서.

**퀴즈**

개정 누리과정의 5개 영역을 적어 보세요,

## 2. 교육 지원

교육과정의 운영은 유아의 배움을 지원하기 위해 교사가 구체적으로 어떻게 실제를 구현할지에 대한 것이다. 교육과정은 유치원에서의 하루, 한 주, 한 달, 한 해라는 시간을 구성해 가는 과정이다. 놀이중심 교육과정은 각 유치원의 실정에 맞게 교육계획을 수립하고 일과를 놀이, 일상생활, 활동으로 구성하되, 놀이가 충분히 이루어지도록 운영하는 것이다. 교사는 놀이하며 배우는 유아의 역량을 최대한 신뢰하고 이를 교수실천에 반영할 수 있어야 한다. 유아에게 놀이란 스스로가 즐거움을 느끼고 배우며 성장해 가는 것으로, 자발적으로 이루어지는 활동이며 내적 동기에 의해 이루어지는 과정 중심 활동이다. 유아 · 놀이중심 교육과정을 표방하는 개정 누리과정은 교사가 유아의 흥미와 관심, 개별 특성을 존중하며 유아의 다양한 놀이와 경험을 지원할 수 있도록 공간을 구성하고, 자료와 시간을 조직하고 상호작용의 질을 높이는 것이다. 이에 대한 누리과정 놀이 실행자료에 따르면 다음과 같다.

놀이 지원 절차

### 1) 계획

계획이란 교사가 유아의 놀이를 통한 배움을 지원하기 위하여 교육과정 내용과 시간을 조직하는 것이다. 개정 누리과정에서는 교사가 미리 모든 것을 계획하여 그대로 실행하는 것을 지양하고 실행된 교육과정을 담는 것을 강조하여, 만들어진 교육과정이 아니라 만들어 가는 교육과정에 의미를 둔다. 교사는 유아가 진행하고 있는 전체 놀이에 초점을 두되 때로는 개별 유아의 관심 놀이를 살펴보는 것이 필요하다. 이러한 관찰을 통해 유아가 생활 속에서 경험하고 있는 크고 작은 관심사, 일상생활 경험, 계절이나 날씨와 같은 자연적인 현상, 기관의 특별한 행사 등을 반영하여 놀이계획을 할 수 있다.

개정 누리과정에서는 계획과 관련하여 각 기관의 지역적 특성이나 철학에 맞게 교육계획의 양식이나 작성 시기, 활용 방법을 자율적으로 정하도록 하고 있다. 유아가 경험해야 할 내용을 바탕으로 배움의 통합성, 융통성, 자율성을 강조하므로, 기존의 문서계획 양식만으로는 담아낼 수 없거나 필요 없는 부분이 생길 수도 있고, 작성의 시기가 변경될 수도 있다. 따라서 연간, 월간, 주간, 일일계획안의 형식이나 분량을 자율적으로 할 수 있으며 통합하거나 선택적으로 활용할 수 있다. 이러한 계획은 앞에서 제시한 바와 같이 1차적으로 유치원 운영계획의 단계에서 이루어질 수 있으며, 2차적으로 매월, 매주, 매일을 거쳐 각 학급에서 지속적으로 이루어진다.

연간계획은 개정 누리과정에서 추구하는 인간상, 유치원의 철학, 지역사회의 특성, 다양성을 고려하여 자율적으로 수립한다. 연간계획은 학급 차원보다는 기관 차원에서 수립하는 것이 일반적이며, 적응, 계절, 명절 등 한 해 동안 경험할 주요 내용을 미리 염두에 두고 계획한다. 연간계획은 한 학급에서만 공유되는 것이 아니라 유치원 전체의 구성원이 공유하는 자료이므로 원장과 교사가 모두 함께 계획해야 한다. 개정 누리과정은 유아와 교사가 함께 만들어 가는 교육과정이기 때문에, 연간계획이 수립되었다 하더라도 유아들의 놀이 경험에 따라 시기와 기간 등이 바뀔 수 있다. 이에 따라 월간, 주간, 일일계획도 놀이에 따라 변할 수 있다.

### 2) 놀이 관찰 및 기록

유아의 놀이를 관찰하는 것은 놀이중심 교육을 실현하기 위한 기초가 되는 중요한 작업이다. 교사는 유아가 누구와 놀이하는지, 어떻게 놀이하는지, 어떤 관계를 맺는지 관찰함으로써 유아의 성향, 사회적 능력, 대인관계 등을 파악할 수 있다. 더 나아가 놀이 관찰을 통해 유아의 놀이행동을 이해할 수 있고, 관찰을 통해 유아가 선호하는 놀이영역, 놀이자료, 놀이 유형, 놀이 주제와 유아 간의 상호작용, 놀이집단의 구성, 놀이 지속시간 및 유아의 발달 수준에 대해 알 수 있다. 이러한 관찰은 수업을 계획하기에 앞서 적합한 교육 목표를 고민하고 유아와 함께 결정하는 데 결정적인 역할을 한다. 또한 교사로 하여금 효율적인 놀이 개입이나 지도가 가능하게 하며, 전반적인 놀이행동 및 환경 구성을 계획하고 준비하는 데 필요한 기초가 된다. 따라서 놀이중심 교육은 교사의 개입을 완전히 배제하고, 유아에게 무한한 자유를 주어야 한다는 것이 아니라 오히려 교사가 유아의 놀이에 지속적으로 관심을 갖고 유아의 놀이를 방해하지 않으면서 지원해 주는 것이다.

유아의 놀이는 예측이 어렵기 때문에 교사는 계획 안에서 활동을 미리 계획하기보다는 유아의 놀이 흐름을 따라가며 유아의 실제 놀이를 기록하고 교사의 지원 계획을 적는다. 유아들의 놀이에 궁금증을 가지고 들여다보면 기록으로 남기고 싶은 순간이 온다. 때로는 필요에 의해 의도적으로 남긴 기록이 유아들의 놀이를 자세히 들여다보게 하기도 한다. 기록을 남기는 일은 유아들의 놀이를 돌아보며 어떤 의미가 있는지 생각해 볼 수 있는 시간을 제공하고, 이러한 과정을 통해 교사는 유아들의 삶을 더 잘 이해할 수 있게 된다. 놀이 기록은 간단한 메모, 사진, 영상, 녹음, 작품 수집 등 다양한 방법으로 이루어진다.

## 다양한 놀이 기록 예시 1

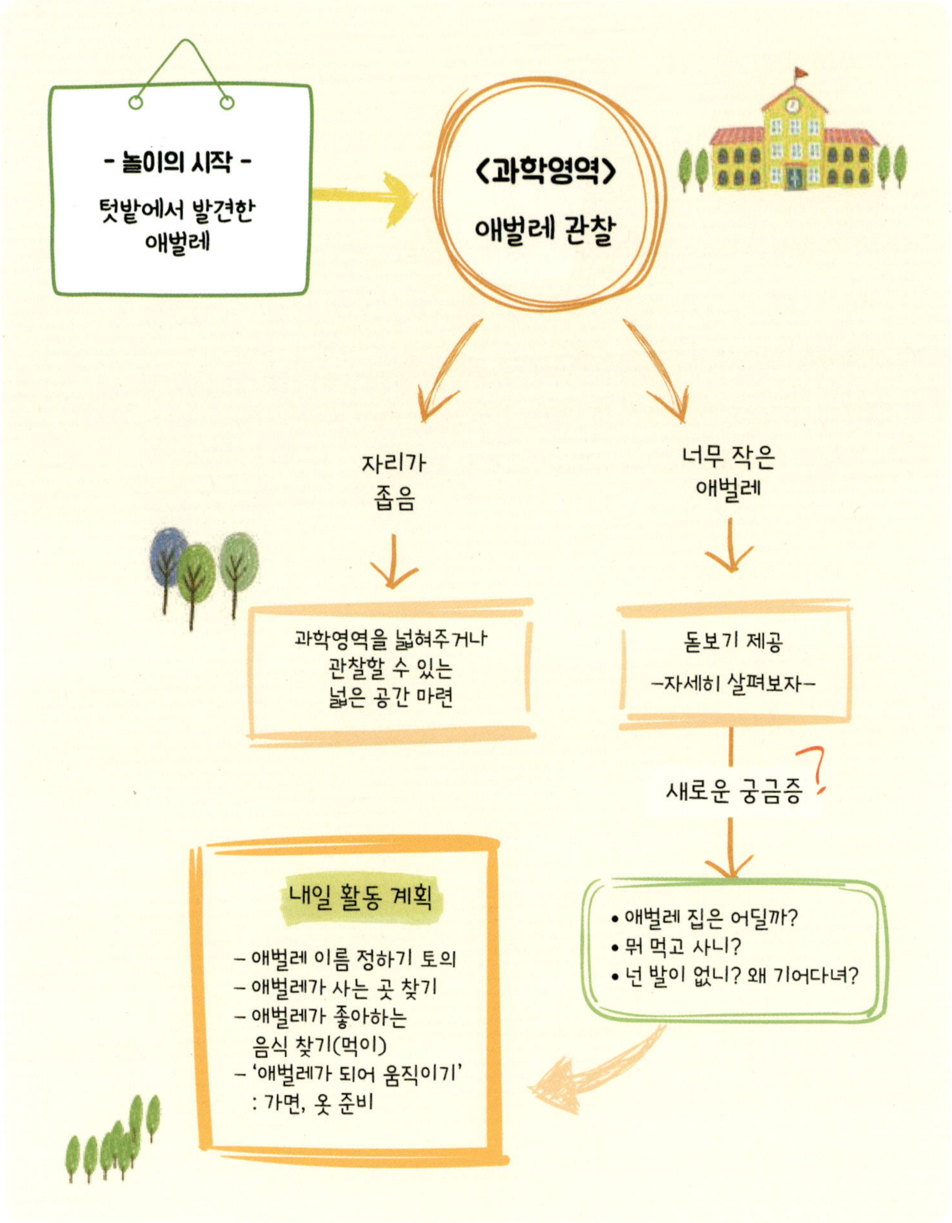


단어중심 놀이 기록

## 다양한 놀이 기록 예시 2

### 블록이 물이 되었어

### 모기장 파도 만들기

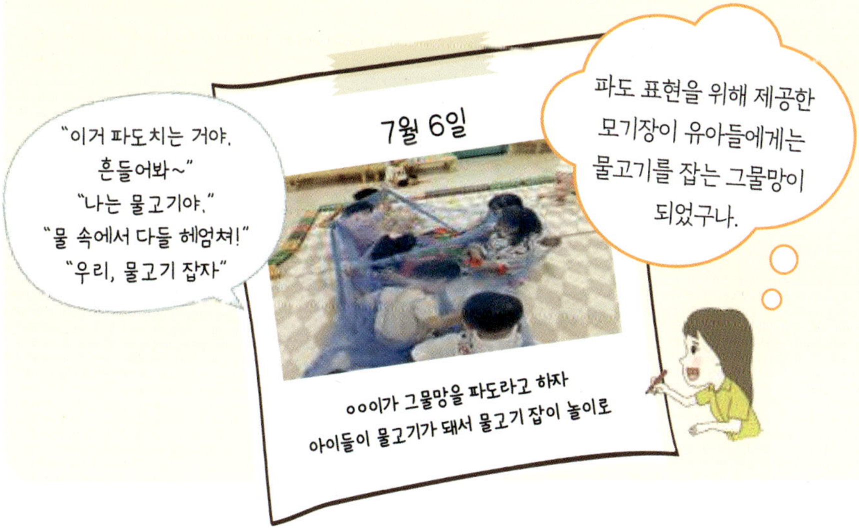


사진중심 놀이 기록

## 다양한 놀이 기록 예시 3

| OOOO년 OO월 OO일 O요일 | |
|---|---|
| **놀이의 흐름** | 교사가 계획한 '공'주제를 진행하던 중 유아들이 공처럼 둥근 구슬을 찾아냈다. 공처럼 굴려보자고 제안했으나 아이들은 구슬길 만들기에 더 큰 흥미를 보였다. 아이들의 흥미를 반영해 다양한 재료로 길을 만들 수 있도록 지원해 주었더니 교사가 예상한 것보다 더 다채로운 형태의 구슬길이 나타나고 있다.<br><br><어제의 놀이><br>교실 바닥에 종이테이프를 활용하여 평면으로만 구슬길 만들기를 하던 유아들이 이제 OHP필름을 말아놓은 것, 휴지심, 나무블록 등을 이용하여 구슬이 굴러가는 여러 가지 길 만들기를 시도하고 있다. |
| **오늘의 놀이 흔적** | "선생님, 나는 점프하는 길을 만들 거예요.<br>여기에 테이프 붙이는 거 도와주세요."<br>"구슬이 이렇게 내려와서 이렇게 여기서 슝~ 점프하는 거예요."<br><br>OO이는 구슬이 경사로를 따라 내려와 구슬이 점프해서 가는 길을 만들고자 창문에 길을 연결했다. 연결한 후에 구슬을 굴렸는데, 예상 지점에서 구슬이 점프하지 않고 꺾인 부분에서 튕겨져 나갔다. |
| | "어? 그런데 저기서 점프하지 않고 여기서 점프하는데?"<br>"그럼 여기에 받침대를 세우면 될 거 같은데?"<br><br>아이들이 받침대를 연결한 뒤, 점프길을 만들려고 여러 번 도전해본 후, 갈고리 모양의 길로 바뀌자 구슬이 길 끝에서 점프할 수 있게 됨을 유아들이 발견하였다. |
| **교사의 지원** | 유아의 관심과 흥미로부터 시작된 '길놀이' 확장을 위해 무엇이 필요한지 유아들과 이야기를 나누고 '갈래 길' 만들기 놀이를 위한 재료를 지원해 주는 것도 필요하다. 또한 현재 교실 일부에 한정된 공간이 좁아보이므로 오늘처럼 창문과 벽을 활용하는 등 공간을 확장해주거나, 복도 한쪽에 공간을 마련해 주는 것도 필요하다. |

저널중심 놀이 기록

출처 : 2019 놀이로 유아의 삶을 담다.

### 3) 놀이 지원계획

교사는 유아 관찰을 통해 알게 된 내용을 가지고 전반적인 놀이계획을 통한 지원을 할 수 있다. 기존에 세워 놓았던 연간계획은 유아들의 놀이 경험에 따라 시기와 기간 등이 바뀔 수 있다. 유아의 놀이 관찰에 따라 교사는 월간, 주간, 일일계획안을 수정하여 작성할 수 있다. 교사는 교실에서 일어나는 일들을 다양한 방법으로 관찰하고, 기록한 내용을 살펴보고 이를 다시 정리하여 놀이 지원계획을 세울 수 있다. 놀이중심 교육과정은 유아의 놀이 시작과 지속, 새로운 놀이로의 전이와 확장, 마무리 등 놀이의 흐름을 관찰하고 유아의 흥미와 의도를 이해하는 과정에 기반한다. 이때 유아의 놀이 활동이 기존에 교사가 하고자 했던 전반적인 교육 내용과 연결점이 있다면 연계 활동으로 진행할 수 있으며, 기존의 계획과는 전혀 다른 놀이일 때면 두 가지 주제를 진행하거나 기존 계획 대신 놀이계획으로 가는 방안을 선택할 수 있다.

교사는 놀이를 위해 지원한 내용이 유아의 놀이를 심화하는 데 있어 어떠한 영향을 줄 것인지에 대하여 고민해 보아야 한다. 개정 누리과정은 교사가 유아의 경험을 미리 조직하기보다 유아의 놀이를 관찰하고 이를 지원하는 방식을 제안하고 있다. 유치원에서의 유아 놀이는 교사가 계획한 대로 진행되는 것이 아니기 때문에 시시각각 변화하고 심화될 수 있다. 따라서 교사는 매일 진행된 유아의 놀이를 기록해야만 다음 날 지원할 내용을 계획할 수 있다. 이 과정에서 지원계획이 모여 아래와 같은 과정이 나올 수 있다.

## 놀이 지원계획 예시 1

### 사례1) 일일교육계획과 놀이 흔적 남기기의 통합

| 학급명 | OO반 | 날 짜 | OO년 O월 O일 O요일 |
|---|---|---|---|

| 주 제 | 동물원 |
|---|---|
| 일일목표 | 동물원에 사는 동물에 관심을 가진다.<br>동물원 놀이에 필요한 것들을 알아보고 창의적으로 만든다.<br>친구들과 협력하여 동물원 놀이를 해본다. |
| 일과의 흐름 | 등원→자유놀이 및 간식→새노래(작은 동물원)→점심식사<br>→바깥놀이(유치원 주변의 동물 찾기)→동화(손바닥 동물원)<br>→하루일과 평가 및 귀가 |
| 오늘의 놀이 흔적 | 다양한 기록 방식 중 선택하여 흔적 남기기<br>(사진, 저널, 마인드맵 등.) |
| 해석 및 반영사항 | |

현재 교실에서 중심이 되어 진행되고 있는 주제(생활주제, 놀이주제, 놀이 소재 등)를 기록함. [→ 주 제]

하루의 예상되는 일과를 사전에 계획하여 기록함. 놀이 진행에 따라 변경된 것은 수정하여 기록함. [→ 일과의 흐름]

저널, 사진, 주제망 등 자유로운 형식으로 흔적 남기기를 할 수 있음. 벽면기록, 유아들이 하는 기록 자체를 사진으로 찍어 남길 수도 있음. [→ 오늘의 놀이 흔적]

교사가 놀이의 의미를 찾아 해석한 것을 기록하거나 놀이를 지원하기 위해 반영해야 할 사항 등을 기록함. [→ 해석 및 반영사항]

## 놀이 지원계획 예시 2

**사례2) 주간교육계획과 놀이 흔적 남기기의 통합**

| 주제 | 그림자 | 시기 | OO.O.O.(월) ~ OO.O.O.(금) | |
|---|---|---|---|---|
| 목표 | 주변에서 볼 수 있는 그림자에 관심을 가진다.<br>빛을 이용한 다양한 그림자 놀이 만들기에 즐겁게 참여한다. | | | |

| | 월 | 화 | 수 | 목 | 금 |
|---|---|---|---|---|---|
| 계획 | 바깥놀이<br>[그림자 찾기]<br>→ 이야기나누기<br>[우리가 찾은 그림자]<br>→ 자유놀이<br>→ 점심<br>→ 음악[빛과 그림자]<br>→ 동화[누구 그림자일까?] | → 동화~~[그림자는 따라쟁이]~~<br>[불을 꺼봐요]<br>→ 자유놀이<br>→ 게임[그림자 주인을 찾아라!]<br>→ 점심<br>→ 바깥놀이<br>[그림자 밟기] | 바깥놀이<br>[친구 그림자 따라 그리기]<br>→ 자유놀이<br>→ 동화<br>[그림자 놀이]<br>→ 점심<br>→ 신체[그림자가 되보자]<br>→ 동화[장난꾸러기 그림자] | 이야기나누기<br>[어떤 그림자극을 만들까?]<br>→ 자유놀이<br>→ 동화[그림자는 내 친구]<br>→ 점심<br>→ 바깥놀이<br>[그림자 모양 만들기] | → 자유놀이<br>→ 동화[그림자극]<br>→ 미술<br>[그림자 그림]<br>→ 점심<br>→ 바깥놀이<br>[그림자야, 놀자] |
| 흔적 남기기 | **이야기 나누기**<br>**[우리가 찾은 그림자]**<br>– 교실 창문 모양<br>– 나, 친구<br>– 놀이기구, 나무<br>(그림자는 해가 있어야 만들어진다고 생각함) → 해가 아닌 손전등으로도 그림자를 만들 수 있음을 이해하도록 자료와 활동 제공<br>– 동화 : [불을 꺼봐요]<br>– 과학영역 : 손전등, 천막 | 움직임에 따른 그림자 변화 관찰 ▶<br>손으로 그림자 모양 만들기 ◀<br>**자유놀이**<br>**[과학 : 그림자 만들기]**<br>▼<br>여러 가지 물건을 비춰 그림자 만들기<br>→ 사람을 만들고 싶다는 아이들의 의견<br>– 미술영역 : 검은색 종이와 하드바 제공 | **[미술]**<br>그림자 인형 만들기<br>**[역할]**<br>그림자극놀이<br>**[쌓기]**<br>그림자극장 구성하기<br>– 미술영역에서 만든 그림자 인형을 이용해 이야기를 꾸밈<br>– 친구들의 그림자 놀이를 관람하며 이야기 나눔<br>→ 스토리가 있는 그림사극 만들기로 확장 | | |

→ 교사는 유아들의 놀이흐름을 예상하여 확장 및 지원계획을 사전에 수립하여 기록함. 실제 유아들의 놀이 방향이 달라지면, 즉각적으로 반영하여 수정하며 일과를 운영함.

→ 하루의 일과나 놀이 중에 의미 있는 내용을 자유로운 방식으로 기록함. 놀이장면, 해석, 지원방법 등을 기록한 후, 다음 날 일과에 반영하여 사전에 계획한 놀이니 활동을 수정함.

출처 : 2019 놀이로 유아의 삶을 담다.

### 4) 놀이 지원

교사는 관찰하고 관찰에 의해 계획된 지원을 하는 데 있어 유아의 놀이가 잘 지속될 수 있도록 공간, 자료, 시간 등의 측면에 있어 언제, 어디서, 어떠한 방법으로 지원하는 것이 효과적인지 고민해야 한다. 유아의 놀이를 지원하기 위해서는 즉각적인 개입보다는 유아가 놀이에서 보이는 감정의 상태, 궁금해하는 것, 흥미를 보이고 탐색을 하는 것 등을 관찰하면서 기다리는 것이 우선되어야 한다. 교사는 유아의 놀이가 진행되는 과정에서 배움이 일어나도록 상호작용하기에 적절한 순간과 방법을 잘 결정하여야 한다. 따라서 교사는 유아 간 상호작용이 활발히 일어나도록 자유로운 놀이 환경을 충분히 제공해 주고, 주의 깊게 관찰하며, 필요한 자료를 제공하거나 공간을 조정하는 등의 지원을 제공하는 것이 좋다.

더 나아가 유아는 교육과정을 함께 구성해 나가는 존재이므로 일과 구성, 놀이공간, 놀이자료, 평가 등에 있어 유아의 의견이 반영되는 비중을 늘려야 한다. 교사는 유아들이 선택한 모든 놀이공간과 놀이환경에 대해 개방적으로 수용하려는 태도를 가지도록 한다. 동일한 자료라 하더라도 이를 이용한 놀이 내용과 몰입은 유아의 개별성과 고유성에 의해 다양하게 나타난다. 유아가 어떻게 저마다의 방식으로 놀이자료와 교감하는지 비교하며 관찰하면 유아의 특성을 더 잘 이해하고 적절하게 지원할 수 있다

#### (1) 놀이공간 지원

교사는 놀이 관찰을 통해 유아의 놀이를 방해하는 요소가 무엇인지 관찰하고, 유아의 의견을 반영하여 놀이공간을 구성하고 운영할 수 있다. 유아는 놀이를 통해 하나의 공간을 자신들의 놀이에 적합한 공간으로 새로운 목적을 부여하여 사용하기도 하고, 놀이할 공간을 스스로 찾아내거나 만들기도 하며, 공간과 공간을 연결하여 새로운 놀이로 확장할 수도 있다. 따라서 유아의 놀이를 관찰한 결과 좁은 공간이 놀이를 방해하는 요소라고 판단되었거나, 유아가 놀이공간을 넓히고 싶다

고 스스로 요구하였을 때, 교사는 놀이를 방해하는 교구장을 치우거나, 유아에게서 관심이 적은 놀잇감을 제거함으로써 충분한 공간을 만들어 줄 수 있다.

**미로찾기에 대한 관심을 '길'로 연결해요.**

"동물판을 뒤집으니깐, 미로같다. 그치?"
"진짜네, 미로놀이 재미있는데.."
"우리 미로 만들어보자."

"미로에 대한 관심이 높아지더니, 지도만들기와 블록으로 길 만들기까지 연결되었네. 또 다른 경험으로 연결짓기 위해 미로에 대한 소재를 생활주제 '길'로 확장해 볼까?"

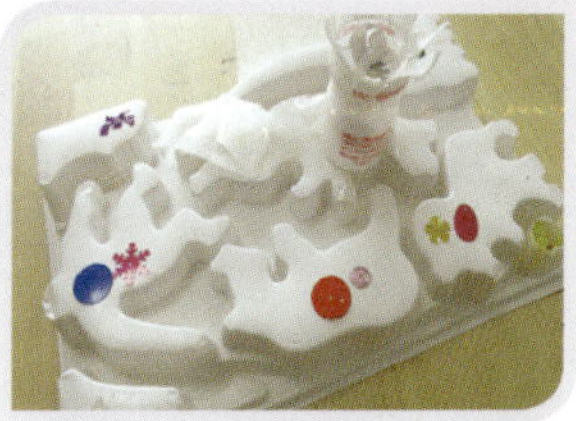

출처 : 놀이 2018 – 유아교육 놀이로 풀다.

### (2) 놀이자료 지원

교사는 놀이 관찰을 통해 유아의 놀이를 지원할 수 있는 다양한 재료나 자료를 제공할 수 있다. 교사는 유아에게 제공한 자료가 어떻게 유아의 놀이의 매개가 되는지 지켜보고, 유아가 스스로 선택한 방법 속에서 배움이 일어나도록 지원한다. 이러한 놀이자료는 휴지나 종이, 재활용품이나 자연물 등 다양한 재료 및 유아의 주변에서 볼 수 있는 모든 것이 될 수 있다. 유아는 다양한 재료를 통해 색, 모양, 선, 질감과 같은 다양한 개념을 형성하고, 그에 대한 탐색, 관찰, 놀이를 함으로써 심화교육이 이루어질 수 있다.

**"상자 하나로 인형극놀이가 시작되었어요"**

"우리는 토끼를 그리고 있는 중이에요!
나는 엄마 토끼를 만들 거예요!"
"빨대를 붙이면 인형놀이도 할 수 있어요."

'이 상자로 인형극 틀을 만들어볼래?'

큰상자를 찾아 구멍을 뚫어 아이들에게 주니 인형극 틀을 꾸밀 구름, 꽃, 해를 덩달아 만들기 시작한다.

"선생님! 인형극 보러오세요!!"
"제목은 토끼들의 소풍이에요!"

출처 : 놀이 2018 - 유아교육 놀이로 풀다.

### (3) 놀이 참여

유아는 놀이를 하면서 자연스럽게 또래 유아, 교사와 상호작용하고 이 과정에서 사물과 현상이나 개념에 대해 배운다. 첫째, 유아와 유아 간의 상호작용은 놀이하는 과정에서 끊임없이 일어난다. 유아는 서로 놀이를 제안하거나 협력하며 문제를 해결하고 갈등을 통해서 관계를 형성하는 방법을 배우기도 한다. 둘째, 교사가 유아의 놀이를 중요한 부분으로 인식하고 공동 놀이자로 참여하는 것은 유아와 교사 간의 놀이에 대한 즐거움을 공유할 수 있는 기회가 될 수 있다. 이러한 과정에서 교사는 놀이의 속성을 더 잘 이해하게 되고 보다 효과적으로 지원할 수 있게 된다. 또한 유아와 교사 간의 상호작용은 유아의 놀이가 아이디어의 결핍이나 유아 간의 의견 충돌 등에 의해 문제 상황에 부딪혔을 때 유아들이 문제를 명확하게 이해하고 문제해결을 도울 방법을 찾는 데 도움이 될 수 있다. 이는 유아의 놀이에 있어 정서적 지원과 지식을 제공하는 제공자로서의 역할이기도 하다.

**"우리가 협동해서 만든 것을 동생들에게 소개하고 싶어요."**

"선생님, 동생들에게도
우리길 놀이터에서
놀아보게 해주고 싶어요!"

"동생들에게 길 놀이터를 소개할 수 있는
방법을 다 같이 이야기 나누어 볼까?"

출처 : 놀이 2018 - 유아교육 놀이로 풀다.

### (4) 상호작용

교사가 유아와 상호작용하는 방법은 비언어적, 언어적 소통 방법을 모두 포함한다. 교사는 관찰하기, 질문하기, 제안하기, 함께 참여하기, 정서 지원하기와 같은 방법으로 유아와 상호작용하면서 놀이를 간접적 또는 직접적으로 지원할 수 있다. 특히 질문하기는 유아가 놀이하면서 끊임없이 "왜?", "어떻게?"와 같은 질문을 통해 유아의 사고가 확장하고 유아 스스로 새로운 문제에 대한 해결책을 찾을 수 있도록 돕는다. 이 외에도 "선생님은 이런 생각이 드는데 어떻게 생각해?"와 같이 유아와 생각을 나눌 수 있는 질문을 통해 유아가 가진 수준보다 높은 수준으로 사고하도록 지원할 수 있다.

**"우리의 놀이를 친구들에게 보여 주고 싶어요"**

"선생님, 역할놀이에서 하는 돌잔치에
친구들에게 보여주고 싶어요!"

"그럼 우리 친구들과 함께
돌잔치 놀이를 동극으로 해 볼까?"

출처 : 놀이 2018 - 유아교육 놀이로 풀다.

### (5) 정서적 지원

교사는 유아가 놀이를 통해 성취감을 경험할 수 있도록 미소, 끄덕거림, 공감하는 표정과 비언어적 상호작용과 같은 긍정적인 정서 지원을 해 주어야 한다. "그렇게 만들 생각을 하다니 놀랍구나."와 같은 감탄, "동그랗게 만들어서 이번에는 잘 굴러갈 거야."와 같은 격려 등의 언어적 상호작용도 유아의 정서를 지원해 주는 좋은 방법이다. 교사가 언어적, 비언어적인 정서 지원을 할 때 유아는 존중받는 느낌을 받게 되고 새로운 놀이를 주도적으로 지속할 수 있다.

유아는 놀이하면서 좌절감, 걱정, 불안 등의 감정을 느낄 수 있기 때문에 교사는 긍정적인 정서 지원을 하면서 동시에 유아의 부정적인 정서에도 관심을 기울여야 한다. 교사는 유아의 정서를 인지하고 위안, 격려 등을 제공하면서 유아가 놀이를 통해 스스로 원인과 해결 방법을 찾을 수 있도록 도와주어야 한다.

**" 높은 건물을 만들 거예요! "**

블록으로 건물을 쌓기 시작하는 아이들.
건물이 높아지자 의자를 가지고 와 올라가기 시작한다.

'의자는 쌓기영역에 가져오면 안되는데..
저러다 넘어지면 다칠텐데
의자는 가지고 오지 말라고 할까?'

그렇지만 아이들은 스스로 조심해야 하는 상황을 인지하고 조심성을 보인다.

"아이들은 스스로 조심하며 놀고 있구나!"

출처 : 놀이 2018 – 유아교육 놀이로 풀다.

## 5) 놀이 의미 찾기

교사의 놀이 지원이 유아의 놀이에 긍정적인 영향을 보였는지, 유아가 지속적으로 놀이에 있어 확장이 이루어지고 있는지, 놀이 지원에도 불구하고 놀이에 대한 흥미가 감소하고 있는지에 대한 관찰은 또 다른 단계의 놀이 지원을 하기 위한 단계가 된다.

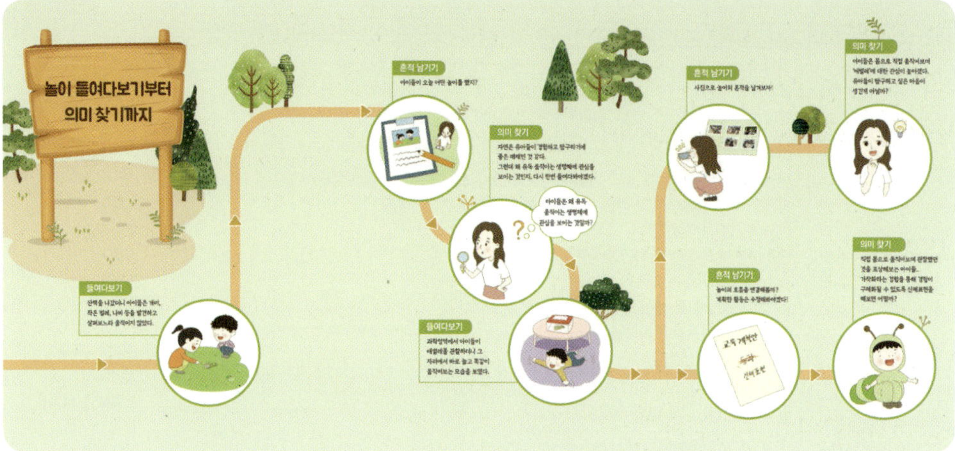


출저 : 2019 놀이로 유아의 삶을 담다.

## 6) 평가 및 계획

교사는 지금까지 이루어진 놀이의 모습과 기록에 대한 전반적인 내용을 재구성해 보면서 진빈적인 놀이 진행 과정을 마무리한다. 이때 교사는 유아의 놀이 관찰을 시작으로 유아의 흥미나 유아의 놀이에서 중심이 되는 내용을 가지고 기록한 자료 및 교사가 지속적으로 지원했던 다양한 상호작용 및 공간 변화, 일과 변화, 재료 및 자료 제공 등에 대한 내용을 살펴본다. 일과 변화에 대한 부분에 있어 처음 세워 놓았던 계획과 비교해 보고 변화가 있었던 부분에 대하여 체크를 하고, 누리과정의 5개 영역이 유아의 놀이에서 잘 이루어졌는지를 평가할 수 있다. 5개 영역은 유아가 놀이를 통하여 경험해야 할 내용이므로 이를 교사가 놀이 상황에서 어떻게 이루어졌는지 확인하는 것은 교육과정에 대한 평가가 될 수 있다. 또한 유아의 놀이 관찰 및 지원에 대한 내용을 재구성해 봄으로써 유아 놀이에 대한 의미를 분석하고, 교사가 기록한 유아들의 실제 놀이 모습, 유아의 놀이결과물, 작품, 사진이나 동영상을 통해 유아의 놀이 특성 및 변화를 평가할 수 있다.

## 놀이 기록에 대한 활동 평가 예시

**월간계획에 기초하여 한 주간의 누리과정 운영의 실행을 기록하고 평가한 예**

| 기간 | | 5월 2주 | | | | | |
|---|---|---|---|---|---|---|---|
| 요일 | | 월 | 화 | 수 | 목 | 금 | |
| 놀이 | 봄 | • 꽃가게 놀이 확장(조화, 포장지, 끈, 화분, 가위, 테이프, 다양한 종이 등)<br>꽃가게가 구성되면 자연스럽게 놀이가 진행되도록 지원함. 필요에 따라 놀이그룹 또는 학급전체의 놀이진행상황을 공유하기 위한 이야기 나누기를 진행함. | | | | | |
| | 반짝이끈 | • **그림책 〈빨간 끈〉**<br>반짝이끈 놀이의 진행에 따라 적절한 시기에 그림책을 제공함. 그림책에 대한 관심을 많이 가져 활동을 통해 전체 유아와 함께 읽고 반짝이끈 놀이와 연계하였음.<br>• **반짝이끈과 상자 놀이**<br>반짝이끈 속에 몸을 숨기던 유아들이 이제는 놀잇감을 숨기고 찾기 놀이를 함. 유아들 스스로 놀이 규칙을 만드는 과정을 지원함.<br>• **반짝이끈과 상자로 상상놀이하기**<br>반짝이끈과 상자를 이용하여 만들고 싶은 것을 만들었고 결과물을 활용하여 상상놀이가 전개됨. | | | | | 계획에 없었지만 진행된 놀이의 기록 |
| 활동 | | • 이야기나누기 '놀이에서 생긴 문제를 어떻게 해결할까?' *갈등상황 해결하기 위해 활동으로 진행*<br>• 동화 '빨간 끈' *ppt동화로 진행함*<br>• 노래 '씨앗이 자라서' *꽃가게 놀이 경험과 연계하여 진행함*<br>• ~~반짝이끈 게임~~ *진행되지 않음* | | | | | 월안에서 계획했던 내용을 실제 놀이를 반영하여 융통성 있게 실행 |
| 바깥놀이 | | • 풀 찧어 소꿉놀이하기/반짝이끈 나뭇가지에 묶기 | | | | | |
| 인성교육 | | • 친구에게 친절하게 말하기 | | | | | |
| 일일 기록 및 지원 | | • 반짝이끈 속성을 이용한 놀이로 전개되기 시작함<br>• 꽃가게를 열기 위해 꽃다발 만들기에 관심을 가짐 | • 반짝이끈과 상자를 같이 활용하여 숨기, 보물찾기 놀이를 함 | • 반짝이끈을 활용하여 상상놀이를 함<br>• 바깥놀이 동안 풀에 대한 관심을 많이 표현함 | • 반짝이끈 놀이 공간에 대한 갈등상황이 발생하여 이야기 나누기를 진행 | • 반짝이끈 정리하기<br>• 풀에 대한 관심을 교실로 확장해보고자 함 | 일일 및 주간으로 놀이내용과 지원계획에 대해 간단히 기록 |
| 주간 기록 및 지원 | | • 반짝이끈으로 놀이하고 정리도 유아가 스스로 할 수 있도록 함. 정리 시 반짝이끈을 비닐에 담아 공이 되었고, 바깥놀이 시 신체활동 소품으로 활용해 보았음. 유아들이 즐겁게 활용하며 놀이하여 반짝이끈 공 굴리기 게임 및 바깥놀이 시 자유롭게 공 놀이하는 자료로 활용해볼 것임.<br>• 실내놀이에서 지난 2주간 제공하였던 조화와 유아들이 만든 꽃이 어우러져 꽃가게 놀이로 진행됨. 교사가 놀이를 기본적으로 제공하였지만 유아들 사이에서 자발적으로 가게에 필요한 공간구성과 놀이자료를 스스로 만들기 위해 노력하고 의사소통이 활발하게 일어남.<br>• 바깥놀이에서 풀을 뜯어 소꿉놀이, 찧기 등이 나타나며 봄의 식물에 대한 탐구와 심미적 감상이 활발하게 이루어짐. 교실에서 풀과 관련된 놀이가 이어질 것으로 예상됨. | | | | | |

출처 : 누리과정 놀이실행자료.

**활 동**

팀별로 〈직업〉 중 하나의 소주제를 가지고 놀이중심 계획안을 작성해 보세요.

〈예시〉

# 3. 온라인 수업

온라인 수업이란 인터넷으로 연결되는 통신 조직망을 이용하여 실제 교실에서 받는 것과 같이 이루어지는 수업이다. 코로나 19와 같은 팬데믹 상황에서 유치원은 대면수업을 중단하고 원격수업을 진행할 수 있다. 유치원도 학교로 지정되어 있기 때문에 등원하지 못할 경우에는 원격수업으로 수업일수를 보충하여 유아의 학습권을 보장해야 한다는 것이 교육부의 방침이다.

## 1) 온라인 수업 구분

교육부는 가정연계 활동인 '집콕놀이' 지원과 인터넷 등 매체를 활용한 가정연계 교육을 실시하고 유치원 특성에 맞게 변형하여 진행할 수 있다. 온라인 수업은 쌍방향 화상 수업, 영상 제공, 콘텐츠 활용 등이 있다. 이 외에도 '집콕 유치원 놀이 꾸러미'를 각 가정에 배부하여 유아주도의 놀이를 통한 가정 내 학습이 이루어질 수 있도록 운영한다.

### (1) 쌍방향 화상수업

쌍방향 수업은 줌(ZOOM), 구글행아웃, 밴드, 라인, 뉴쌤(new SSEM) 등으로 진행할 수 있다. 실시간 화상수업은 플랫폼을 활용하여 교사 · 유아 간 화상수업을 실시하며, 실시간 토론 및 소통이 이루어질 수 있다. 유아가 교사를 볼 수 있고 움직임과 유아의 상황을 교사가 알 수 있기 때문에 긍정적이지만, 어린 연령의 유아는 컴퓨터 앞에 앉아 있는 것이 불편할 수 있다는 우려가 있다.

쌍방향 수업 중 줌(ZOOM)은 화상회의의 목적으로 만든 프로그램이기 때문에 타 프로그램에 비해서 화상회의에 최적화된 프로그램이라고 할 수 있다. 줌의 경우 프로그램만 설치하면 회원 가입 및 로그인할 필요 없이 회의참가 버튼만 클릭하면 수업에 참여할 수 있기 때문에 가정에서 수업에 참여하기 손쉽다. 또한 공유기능을 통해 유아와 교사가 쌍방향으로 얼굴을 보는 것 외에도 교사가 다양한 자료를 제공할 수 있다는 것이 장점이다. 줌과 가장 비슷한 수업 형태로 우리나라에서 개발한 뉴쌤은 줌에 비해 교사가 참여자에 대한 음소거, 채팅 기능을 제어할 수 있다.

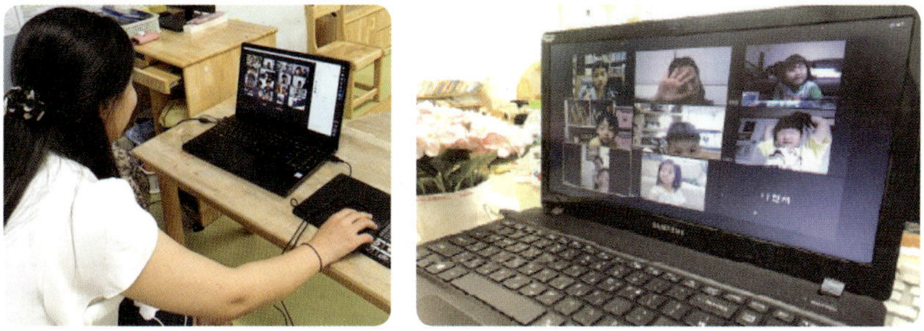

출처 : 2020 사례로 배우는 유치원 원격수업(2020).

### (2) 영상 제공

교사는 직접 영상에 나타나거나 PPT를 활용하여 수업을 만들 수 있다. 이때 교사는 핸드폰이나 카메라로 수업 내용을 촬영한다. 촬영한 수업이 너무 늘어지거나 촬영이 제대로 되지 않은 부분이 있다면 다양한 편집 기능을 가진 곰믹스, 다음팟 인코더, 블로(Vllo) 등을 활용하여 영상의 흐름을 살펴보고 노래나 글을 넣어 편집한다. 편집된 영상은 용량이 크기 때문에 유튜브를 활용하여 링크를 만든 후 온라인 e-알리미 및 다양한 어플리케이션에 탑재하여 유아가 시청할 수 있도록 한다.

### (3) 콘텐츠 활용

EBS나 KBS와 같이 지상파 방송국에서 시간을 편성해 특별 생방송을 진행하면서 유아들이 수업을 보거나 활동을 즐길 수 있도록 한다. 또한 유튜브를 통해 수업 관련 영상이 있다면 링크를 온라인 e-알리미 및 다양한 어플리케이션에 공유하여 유아가 시청할 수 있도록 한다.

## 2) 온라인 수업 과정

### (1) 온라인 e-알리미 및 다양한 어플리케이션을 활용한 출석체크

온라인 수업에 있어 유치원에서는 유치원에서 사용하는 어플이나 교육부에서 제시한 e-알리미를 활용하여 출석체크를 할 수 있다.

출처 : 2020 사례로 배우는 유치원 원격수업(2020).

### (2) 교사의 온라인 수업 공지

온라인 수업을 준비하는 교사는 효율적인 영상 제작을 위하여 연수 참여 및 개인 역량 증진을 통해 다양한 기술을 습득할 수 있다. 온라인 e-알리미 및 다양한 어플리케이션을 통해 온라인 수업에 대한 공지를 할 수 있다.

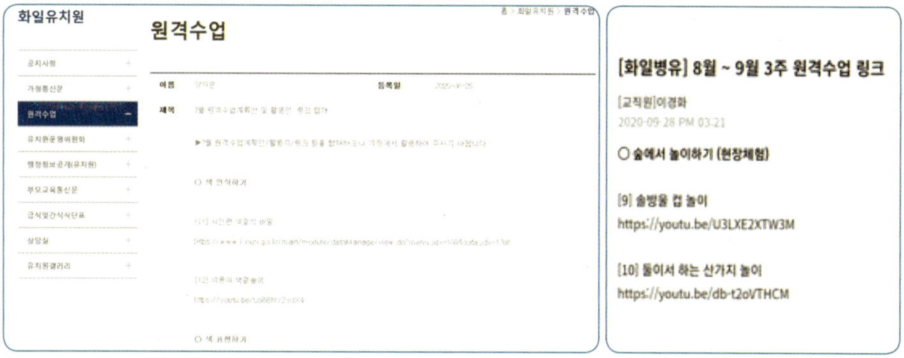


출처 : 2020 사례로 배우는 유치원 원격수업(2020).

### (3) 온라인 수업 진행

온라인 수업은 여러 방법으로 제공할 수 있기 때문에 유아가 가정에서도 다양한 수업을 받을 수 있지만, 실제 유아가 출석이나 컴퓨터 자판을 다루기 어렵기 때문에 학부모는 유아의 출석을 확인하거나 유아의 놀이의 과정에서 즐거웠던 점, 유아가 알게 된 점, 놀이의 결과물 등에 대해 간단히 작성하여 제출하도록 한다. 이러한 결과물에 대하여 교사는 유아의 놀이에 대한 칭찬과 격려, 새로운 제안 등 놀이 지원 기록을 작성하고 추후 유아 평가에 반영하는 과정을 거칠 수 있다.

〈원격수업 계획안〉

| 차시 | 22일(월)/23일(화) | 24일(수) | 25일(목) | 26일(금) |
|---|---|---|---|---|
| 1차시 | <EBS 특별생방송 '우리 집 유치원'><br>채널: EBS1 / 월~목 9:40~10:30<br>다시보기 | | | <자유놀이><br>가정에 있는 놀잇감을 활용하여 자유롭게 놀이하기 |
| 2차시 | <과학놀이><br>저절로 피는 종이꽃 | <수학놀이><br>많고, 적고<br>- 수와 양의 비교 | <요리활동><br>-색다른 유부초밥 만들기 | <신체놀이><br>박스로 신나게 놀아요 |
| 3차시 | <재난안전교육><br>비오는 날 엄마를 기다려요 | <실종유괴 예방교육><br>길을 잃어버렸어요<br>*연계: 꼭꼭이송 | <폭력예방 교육><br>아동학대 예방교육 | <미디어 안전교육><br>숲 속 마을의 우당탕탕 스마트폰 대소동 |
| 4차시 | <자유놀이><br>가정에 있는 놀잇감을 활용하여 자유롭게 놀이하기 | <책놀이 도서대여활동><br>- 유치원에서 대여한 책 읽기 | <동화><br>만5세: 양털 외투가 최고야<br>*연계활동<br>미술: 양 만들기 | <기본생활습관><br>로봇 팔을 찾아주세요<br>놀이 후에 정리정돈하기 |
| 놀이 안내 | ☞ 활동에 필요한 준비물은 놀이꾸러미로 보내드립니다.(*비닐백은 등교 시 꼭 가져옵니다.)<br>☞ <과학놀이> 준비물 : 색종이, 물 담을 접시, 가위(가정에 있는 것 사용)<br><동화 연계활동> 준비물 : 양 만들기 diy<br><수학놀이> 준비물 : 사탕 10개, 초콜릿 10개<br>(묶음의 수를 다르게 해서 비교할 수 있게 해주세요)<br><요리활동> 준비물 : 유부초밥 세트, 가정에 있는 다양한 식재료<br><신체놀이> 준비물 : 박스, 크레파스(가정에 있는 것 사용)<br>☞ 출석 댓글로 매일 출석을 확인하며, 주간 활동을 실시한 후 유아들이 가장 인상에 남았던 놀이 중 하나(놀이 과정, 유아와의 대화, 결과물 사진 등)를 유아 이름의 폴더에 남겨주시기 바랍니다. | | | |

| ○월 ○주 | 일 (월) | 일 (화) | 일 (수) | 일 (목) | 일 (금) |
|---|---|---|---|---|---|
| 아이누리 놀이 | · 행복한 놀이<br>- 나뭇가지로 놀아요<br>- 흙속에 숨은 색깔 찾기<br>· 재미난 동시<br>- 후가 후루룩<br>- 나무가 무슨 생각을 하는지<br>· 재미난동화<br>- 탐험이 어떤 일인지 잘 알고 있니?<br>- 아기 지렁이 축축이<br>- 해바라기야 고마워 | | | 5월3주 가정연계학습<br>http://m.site.naver.com/0x0xl | |
| 가정연계 놀이 | <손놀이><br>http://m.site.naver.com/0x0z4 | <실뜨기><br>http://m.site.naver.com/0x0ys | <공기놀이><br>http://m.site.naver.com/0x0zq | <체조놀이><br>http://m.site.naver.com/0x0A6 | <과학놀이><br>http://m.site.naver.com/0x0Au |
| 안전교육 | [올바른 손씻기 6단계]<br> | | | | |

출처 : http://gnchild.gne.go.kr/gnchild/na/ntt/selectNttInfo.do?nttSn=1800468

출처 : 2020 사례로 배우는 유치원 원격수업(2020)

다음은 유치원에서 유아에게 보낸 놀이꾸러미를 활용하여 유아가 놀이하는 과정 및 놀이에 대한 부모의 의견을 적어 보낸 내용이다.

출처 : 2020 사례로 배우는 유치원 원격수업(2020).

교사는 유아의 출석을 확인하고, 놀이에 대한 기록이 있을 경우 칭찬과 격려, 놀이 지원 기록을 작성할 수 있다.

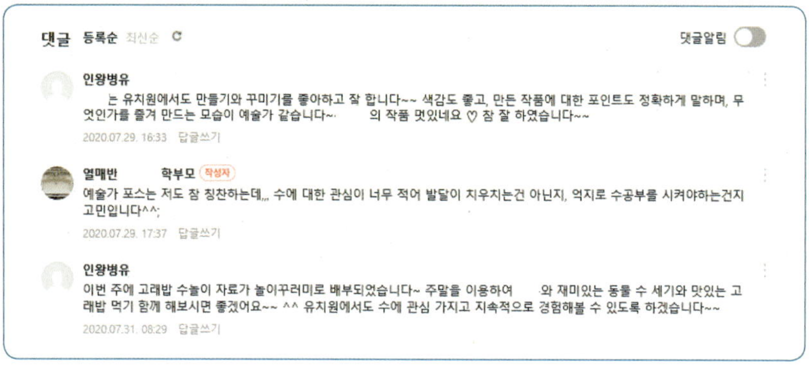

댓글 등록순 최신순 댓글알림

인왕병유
는 유치원에서도 만들기와 꾸미기를 좋아하고 잘 합니다~~ 색감도 좋고, 만든 작품에 대한 포인트도 정확하게 말하며, 무엇인가를 즐겨 만드는 모습이 예술가 같습니다~ 의 작품 멋있네요 ♡ 참 잘 하였습니다~~
2020.07.29. 16:33 답글쓰기

열매반 학부모 작성자
예술가 포스는 저도 참 칭찬하는데,,, 수에 대한 관심이 너무 적어 발달이 치우치는건 아닌지, 억지로 수공부를 시켜야하는건지 고민입니다^^;
2020.07.29. 17:37 답글쓰기

인왕병유
이번 주에 고래밥 수놀이 자료가 놀이꾸러미로 배부되었습니다~ 주말을 이용하여 와 재미있는 동물 수 세기와 맛있는 고래밥 먹기 함께 해보시면 좋겠어요~~ ^^ 유치원에서도 수에 관심 가지고 지속적으로 경험해볼 수 있도록 하겠습니다~~
2020.07.31. 08:29 답글쓰기

출처 : 2020 사례로 배우는 유치원 원격수업(2020).

### (4) 학부모 의견 반영

온라인 수업의 경우 유아의 개별적인 상황을 고려하여 원격수업이 융통성 있게 이루어질 수 있도록 가정과 소통하여 운영하는 것이 필요하다. 가정의 의견에 따라 온라인보다는 대면이나 유선을 선호하는 경우, 유아의 스마트 기기 사용에 대한 우려가 있는 가정의 경우 등에는 온라인을 강요하기보다 가정에서의 유아의 일상생활이나 자유놀이를 공유, 가정체험학습을 할 수 있도록 지원하는 것이 필요하다.

**활 동**

모의수업을 준비하여 영상으로 제작하고 큐알코드로 만들어 보세요.

주제 :

연령 : 3, 4, 5　　　　소요시간 :　　　　분

집단 : 대그룹/소그룹　　　　영역 :

내용 :

평가 :

## 4. 인공지능(AI:Artificial Intelligence)

인공지능이라는 용어는 1956년 미국에서 열린 다트머스 회의에서 처음 사용되기 시작하였다. '생각하는 능력을 갖춘 기계'가 어떤 일을 하게 될지에 대한 논의를 통해 '인공지능'이라고 명명되었다.

### 1) 인공지능 개념

인공지능(AI)은 사람처럼 생각하고 행동하는 기기를 만들고자 하는 목표를 가지고 출발한 연구 분야로, 컴퓨터나 로봇이 인간처럼 지능적인 행동을 하는 것을 의미한다. 컴퓨터에 저장된 사람의 생각이나 학습하는 능력을 정해진 상황에서 수행하는 것이다. 이후 인공지능은 사람의 신경망과 비슷한 방식으로 빅데이터를 스스로 분석하고, 학습해서 판단하는 형태로 발전하였다. 현재의 인공지능은 자동번역 시스템을 제공하거나 사람과 대화를 할 수 있는 단계에 이르렀다. 이러한 인공지능은 더 나아가 문제 상황을 스스로 인식하여 해결책을 제시하고, 자신의 의견을 표현하는 수준에 이를 것으로 예상된다.

### 2) 인공지능의 종류

캘리포니아 버클리 대학(UC Berkeley)의 존 설 교수는 인공지능을 약한 AI(weak AI)와 강한 AI(strong AI)로 나누어 개념화 하였다.

(1) 강한 AI(strong AI) - 강하다는 것은 '범용적인 지능'을 의미한다. 여러 문제에 있어 기계가 사람과 같은 생각을 하거나 행동하는 정도의 높은 지능을 가지고 있는 것을 강한 AI로 분류한다.

(2) 약한 AI(weak AI) - 강한 AI의 과정으로 가는 시스템이나 기술이 도입된 정도를 의미하는 것으로 폭이 좁은 업무에 초점을 둔다.

### 3) 인공지능의 장단점

유아가 살아갈 4차 산업혁명시대에는 인공지능 활용이 훨씬 광범위해질 것으로 예측된다. 이에 따라 교육계 및 과학계에서는 기대와 우려가 함께 이루어지고 있다.

#### (1) 인공지능의 장점

- 인공지능의 다양한 분야 활용 - 기계나 로봇이 인공지능으로 인해 사람과 같이 판단할 수 있을 경우 건물을 짓거나 화재 진압, 지진 등의 재난 구조에 있어 엄청난 능력을 발휘할 수 있다. 또한 코로나19와 같은 전염병이 발생했을 때 인공지능 로봇이 치료 현장에 투입된다면 감염에 대한 걱정 없이 치료가

가능할 수 있게 된다.

- 새로운 일자리 창출 – 인공지능에 대한 연구가 활발해지면 인공지능과 관련된 개발 및 인공지능을 관리할 수 있는 인력이 필요하게 된다. 또한 다양한 분야의 전문지식을 인공지능에 입력할 전문가가 필요하기 때문에 일자리 창출이 일어날 수도 있다.

### (2) 인공지능의 단점

- 예상할 수 없는 미래 – 사람이 인공지능을 활용하는 데 있어 긍정적인 측면도 있지만, 부정적인 측면으로 활용이 된다면 우리가 생각지 못한 미래가 펼쳐질 수 있다. 이러한 예시는 영화와 같은 곳에서 많이 볼 수 있는데, 인공지능이 스스로 사람과 같이 생각하거나 부정적인 측면으로 사람에 의해 인공지능이 사람을 해치기도 하는 사례가 나타날 수 있다. 따라서 우리가 미래에 대해 예상하기 어렵다는 단점을 가질 수 있다.

- 일자리 저하 – 산업화 과정에서 기계화가 진행됨에 따라 단순업무를 하던 사람들은 실직을 한 사례가 있다. 이러한 과정에서 전문가들은 인공지능이 앞으로 산업 전반에 도입될 경우 약 500만 개의 일자리가 없어질 것이라고 예측하고 있다.

## 4) 인공지능과 유아

LG에서는 다양한 로봇제품을 개발하고 있다. 로봇의 이름은 '클로이'로, 8가지 분야의 로봇 중 유아와 관련된 로봇을 함께 개발하였다. 가장 기본이 되는 모델로 네이버 클로바와 연동하여 유아와 간단한 상호작용 및 게임을 진행할 수 있다. 또한 클로이에 저장되어 있는 도서를 볼 수 있어 로봇이 책을 읽어 주기도 한다.

### 5) 인공지능과 정책

인공지능 기술이 발달함에 따라 교육부에서는 인공지능 기술과 학습콘텐츠를 기반으로 개인 맞춤형 학습 지원 체계를 구축하고, 디지털 기반 교육 혁신 지원을 하고자 한다. 이러한 인공지능을 통한 교육은 온라인과 오프라인의 융합수업과 원격수업에서 수업자료로 활용될 수 있는 양질의 교과학습 자료를 확충할 수 있으며, AI를 활용한 학습 진단 서비스를 통한 수업 지원으로 교수학습에 변화를 꾀하고 있다. 교육부에서 제시하고 있는 사업으로는 EBS 교육콘텐츠 제작 및 AI 학습진단 시스템 구축으로, 지속적인 학습격차의 완화 및 자기주도 학습을 지원하고자 한다.

| 구분 | EBS 활용 교육콘텐츠 제작 | 인공지능(AI) 활용 학습진단시스템 구축 |
|---|---|---|
| 목적 | ① 유아부터 고등학생까지를 대상으로 하는 수준별 강의 콘텐츠를 개발하여 학습격차 완화<br>② 개발된 콘텐츠는 교사가 수업에 자유롭게 활용할 수 있도록 하여 교수 · 학습 변화 지원 | 학습데이터를 기반으로 맞춤형 학습을 지원하는 인공지능(AI) 학습진단시스템을 구축(고도화)하여 학습격차 완화 및 자기주도학습 지원 |
| 내용 | • 수준별 자기주도 학습콘텐츠 개발(유 · 초 · 중 · 고등학생용 1만 7천여 편)<br>• 교수학습 지원을 위한 교육용 콘텐츠 다양화(실감형, 클립형) 및 교육 현장의 콘텐츠 활용도 제고<br>• 취약계층 지원 강화(관리형 시범 서비스, 장애학생 강좌 지원 확대) | • 산학 연계를 통해 학습분석 기술 고도화<br>• 학습분석 정보를 학생, 교사, 시도교육청별로 필요한 형태로 가공하여 전달<br>• 고교 학습분석의 주요 서비스를 초 · 중학생까지 확대 서비스<br>• 사전진단, 오답노트, 온라인클래스와 연계한 교사 지원 서비스 신규 개발 |

# 제6장 학급 운영

학급 운영이란 교육을 효과적으로 달성하기 위해 학급에 대한 계획을 하고 그에 따라 관리하는 것을 의미한다. 유치원 교직실무 편람에 의하면, 학급 운영은 학급에 소속되어 있는 유아의 활동이 교육적 측면과 정서적 측면에서 효과적이며 만족스럽게 이루어질 수 있도록 계획, 조직하여 물리적이고 정서적으로 지원하는 일련의 과정이다(서울특별시 교육청, 2007). 이 장에서는 제시하는 학급 운영은 넓은 범위에서 학급의 연간 운영, 좁은 범위에서 학급의 하루 일과 운영 및 각 교과에 대한 운영으로 살펴볼 수 있다.

**관련자료 : 경기도 교육청** https://youtu.be/6Dg0Ouhp_-0

<생각해 보기>

우리반 유아가 어떤 아이로 자라길 바라나요? 우리반의 급훈을 만들어 보세요.

**〈평가지표〉** Ⅰ-1.유아 · 놀이 중심 교육과정 편성 · 운영 및 교수 · 학습 지원
Ⅰ-2. 유아 · 교육과정 평가 및 환류
Ⅰ-4. 돌봄과 쉼이 있는 방과 후 과정

# 1. 연간 운영

## 1) 학기초

학기초는 교사와 유아, 학부모 모두 긴장감을 가지는 시기이며, 한 해를 시작하는 데 있어 매우 중요한 시기라고 할 수 있다. 교사는 새로운 유아와 학부모를 통해 다양한 정보를 수집하고, 유아는 새로운 환경에 적응하며, 학부모는 교사와의 긴밀한 상호작용을 통해 유아가 새로운 환경에 잘 적응할 수 있도록 지원하는 것이 필요하다.

### (1) 유아

학기초는 교사가 유아와 상호작용을 통해 친밀감을 형성하는 시기이다. 유아들과 효율적인 1년을 보내기 위해서는 신입 유아와 재원 유아에 대하여 충분한 이해가 이루어져야 한다. 신입 원아의 경우, 교사는 입학 전 제출한 서류, 입학원서, 가족관계증명서 등을 통해 원아의 인적사항이나 입학 전 경력, 병력, 알레르기, 특이사항 등에 대해 알 수 있다. 이때 교사는 신입 유아에 대해 더 궁금한 사항이 있다면 유아의 개별 생활습관 조사서나 학부모가 제시한 건의사항 등을 활용하는 것도 좋다. 재원 유아의 경우 하부모가 제시한 원서 외에 전년도 담임교사와의 면담, 생활기록부, 학부모 상담 자료, 유아 발달 관련 자료, 포트폴리오 등을 참고한다.

학기초 처음 등원한 유아는 낯선 환경과 낯선 사람과의 만남으로 긴장을 하게 된다. 이때 교사는 유아에게 먼저 다가가 가방을 거는 자리 및 개인 사물함을 확인시켜 줌으로써 유아로 하여금 교실에 대한 소속감을 갖게 하고, 학급 친구들과 인사를 나누게 함으로써 학급 친구들을 익힐 수 있도록 한다. 특히 이 시기에는 무엇보다 교사가 유아와 친밀감을 형성하는 것이 필요하다. 따라서 교사는 유아의 이름을 자주 불러 주고 유아가 좋아하는 것, 관심을 가지고 있는 것에 대해 관심을 가지고 이야기 나누는 것을 통해 친해지는 과정을 경험할 수 있다. 이 시기에는 활동을 많이 계획하고 진행하는 것보다 교사와 유아가 서로 적응하는 것이 필요하다. 따라서 하루 일과를 비교적 짧게 계획하고 느슨하게 일과를 운영함으로써 1주 정도의 적응 기간을 갖는다. 또한 교사는 유아에게 하루 일과를 소개하고 활동을 모두 끝내고 나면 하원하는 것에 대해 인지시킴으로써 유아에게 안정감을 줄 수 있다. 하원 시 교사는 차량을 이용하는 유아와 도보로 하원하는 유아를 기억해야 한다. 학기초에는 교사도 함께 긴장하고 있기 때문에 하교 시 시간의 여유를 두고 하교 준비를 하여 정돈된 모습으로 하교하도록 한다.

학기초는 유아의 긴장감을 완화하고 안정감을 형성하는 기간이면서 동시에 유치원 생활이 공동생활임을 인지시키는 기간이기도 하다. 따라서 유치원에서 지켜야 할 약속, 화장실 사용, 손 씻기, 이 닦기, 줄서기 등과 같은 기본생활습관을 강조하여 일과를 운영함으로써 안전하고 건강한 유치원 생활을 할 수 있도록 돕는다. 이외에 놀이를 중심으로 활동을 진행하는 데 있어 교사는 유아가 진행하는 활동에 대하여 사소한 것이라도 칭찬을 하고 인정해 줌으로써 유아가 자신감을 갖고 새로운 환경에 적응할 수 있도록 해야 한다. 따라서 학기초 교사는 유아에 대한 잘못을 지적하기보다 긍정적인 기대감을 표현함으로써 유아와의 친밀감을 형성하도록 한다.

### (2) 학부모

처음 유아를 유치원에 보내는 학부모는 유아가 유치원에 잘 적응하여 유아에게 필요하고 즐거운 교육이 되기를 바라는 마음으로 유아를 보낸다. 이와 함께 학부모는 유치원 원비에도 관심을 갖게 된다. 유치원의 원비는 국가 지원과 연결되어 있기 때문에 학부모에게 이를 공지하고 관련 사항에 대해 알려줄 필요가 있다. 특히 출결처리에 대한 내용, 수익자 부담금에 대한 내용을 알림으로써 유아가 결석할 경우 학부모가 부담해야 할 내용에 대해서도 알려야 한다. 학부모에게 유치원과 관련된 직 · 간접적인 정보를 제공하는 것은 학부모로 하여금 유치원에 대한 이해도를 높이게 한다.

학부모는 유치원에서 제시하는 연간계획을 통해 여름방학, 겨울방학의 일정 및 다양한 행사에 대해 인지할 수 있다. 이러한 전반적인 내용에 대하여 교사는 하루 일과에 대한 전반적인 내용을 제시함으로써 긴장된 학부모의 심리적 안정을 도울 수 있다. 특히 신입 유아의 학부모는 유아를 유치원에 보낸 후 어떤 활동을 하고 있는지 궁금해하는 경우가 많이 있으므로, 유치원에서 이루어지는 각종 교육 활동 계획, 관련 활동자료 등을 유치원 홈페이지나 앱을 통해 탑재함으로써 원에서 진행하는 다양한 활동을 부모에게 전달하도록 한다. 특히 아무리 사소한 것이라도 간단한 전화 및 하루 동안 진행한 활동을 공유함으로써 학부모가 유치원을 신뢰할 수 있도록 지원하는 것도 필요하다.

알리미를 통한 지원(e-알리미, 유치원 자체 어플)

## 2) 학기중

유아와 교사, 학부모가 함께 만들어 가는 시간으로, 교사는 유아의 관심사를 알아보고 이를 지원함으로써 다양한 측면에서 유아의 역량을 증진시키고, 유치원에서 이루어지는 활동을 가정과 연계하여 활동의 극대화를 꾀하는 시기라고 할 수 있다.

### (1) 유아

이 시기 유아는 학기초와 다르게 유치원에서의 생활에 익숙해지고 친구들과의 상호작용이 많이 이루어지면서 자신의 생각이나 느낌을 표현할 수 있게 된다. 유아와 교사가 서로에게 적응함에 따라 교사는 유아와의 안정적인 관계 형성을 기반으로 다양한 주제에 따른 수업을 진행한다. 수업은 교육과정의 계획, 실행, 평가의 순서로 이루어지며, 이에 대한 실제 교육과정은 유치원의 기본 방향에 따라 진행한다. 프로젝트 접근법을 진행하는 원에서는 유아와 교사가 함께 주제를 선정하고 그에 따른 생각 모으기 등의 활동을 통해 수업을 진행하며, 누리과정의 경우 놀이중심의 교육과정을 적용하게 됨에 따라 유아를 관찰하고 그에 따른 주제를 선정하도록 한다.

놀이중심 교육과정을 적용할 경우 진행되고 있는 주제 및 놀이, 활동에 따라 누리과정에서 제시하는 5개 영역과 연관지어 전개된 놀이와 유아의 일상생활, 활동에 대한 기록을 고려하여 교육과정을 운영한다. 유아의 놀이를 지원하기 위해 교사는 유아의 놀이를 주의 깊게 바라보고, 유아가 경험하는 놀이에 대한 감정을 느끼고 공유할 수 있어야 한다. 이때 교사는 유아를 교육과정 운영의 주체로서 교사와 함께 교육과정을 구성해 가는 공동 구성자로 인정함으로써 유아가 이끌어 가는 교육과정을 운영할 수 있다. 교사는 유아의 놀이를 관찰하다가 유아 스스로 배움이 일어날 수 있는 질문이나 제안을 건네 보는 등의 상호작용을 함으로써 놀이에 대한 확장을 이룰 수 있으며, 언어적 지원 외에도 새로운 자료를 제공하거나 공간 배치에 변화를 줌으로써 환경적 지원을 할 수 있다.

따라서 학기중 교사는 유아의 생각과 느낌을 표현할 수 있도록 지원하고, 놀이를 통해 경험하는 것, 스스로 배우는 것이 무엇인지 이해할 수 있도록 한다. 또한 유아가 관심을 보이는 활동에 대해 놀이를 확장해 줌으로써 유아가 가진 능력을 증진시켜 주며, 지속적인 격려, 공감 등을 통해 정서적 지원을 제공하도록 한다.

### (2) 학부모

학부모와 소통하는 방법은 알리미, 앱, 전화, 문자, 상담 등 다양한 방법이 있다. 특히 학기 중반에는 유아가 안정적으로 활동함에 따라 상담을 진행한다. 상담은 학부모에게 집에서 유아가 어떻게 지내는지 교사에게 이야기할 수 있는 시간을 주고, 학부모가 유아를 위해 어떻게 도와주면 좋을지에 대해 이야기한다. 특히 공개수업이나 상담, 행사 정보를 제공함으로써 유치원에서 이루어지는 다양한 활동 및 유아교육의 진행사항에 대하여 공유한다.

또한 유아에게 문제가 발생하거나 유아에게 칭찬해야 할 부분이 생겼다면 교사는 부모에게 연락하여 유아를 칭찬하거나 유아가 당면한 문제에 대해 부모와 유아가 이야기할 수 있는 시간을 갖도록 한다. 학부모 또한, 가정에서 유아에게 있었던 일들을 교사와 공유함으로 교사는 유아의 상황을 더 잘 이해할 수 있게 된다.

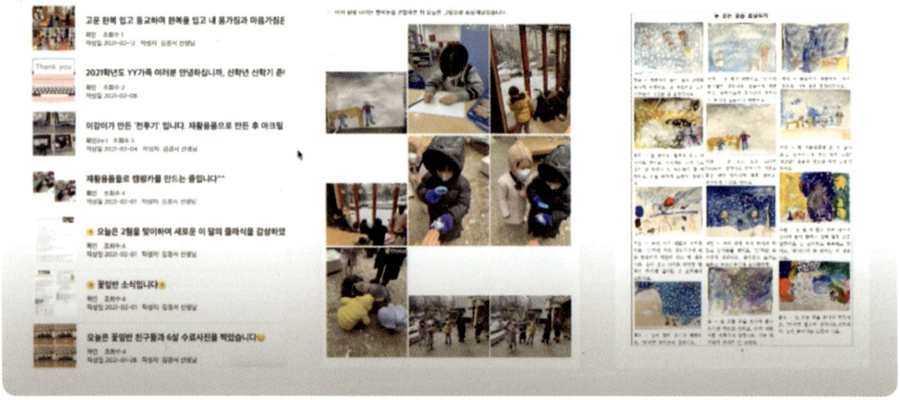

앱을 통한 놀이 활동 공유

## 3) 학기말

교육과정에 대한 전반적인 마무리를 하는 시기로, 유아 평가와 운영 평가로 나누어 볼 수 있다. 특히, 개정 누리과정은 5가지 추구하는 인간상을 제시하고 있으므로 누리과정 목적과 목표 및 5개 영역별 목표와 내용을 유아 평가 및 교육과정 운영에 대한 평가 근거로 삼을 수 있다.

### (1) 유아 평가

유아 평가는 지금까지 많은 유치원에서 이루어져 온 생활기록부 외에 포트폴리오나 체크리스트, 다양한 활동사진 등을 통해 이루어질 수 있다. 특히 개정 누리과정에서 제시하는 유아 놀이중심 교육과정에서는 유아의 일상생활 및 놀이 과정에 대한 나양한 기록이 주된 평가의 자료로 사용될 수 있다.

개정 누리과정에서 이루어지는 유아의 놀이 기록은 계획안 또는 일지에 기록한 유아들의 실제 놀이 모습, 유아의 놀이 결과물, 작품, 사진이나 동영상이므로 유아의 놀이를 통한 발달에 대해 평가하는 평가자료가 될 수 있다. 이러한 자료를 통해 교사는 유아의 흥미와 관심, 놀이 선호, 또래와의 상호작용에 있어 신체운동 · 건강, 의사소통, 사회관계, 예술경험, 자연탐구와 같은 영역별 발달이 어떻게 이루어졌는지에 대해서도 평가가 가능하다.

### (2) 교육과정 운영 평가

교육과정 운영에 대한 평가는 기관과 학급의 특성을 반영하여 자율적으로 누리과정 운영을 평가하는 것으로, 유아의 일상생활, 놀이, 활동이 유아에게 의미 있는 통합적 경험의 내용으로 운영되었는지에 대한 것이다. 개정 누리과정은 유아의 놀이, 일상생활, 활동을 관찰하고 기록하여 유아의 관심에 따른 배움을 지원하기 위한 계획을 수립하는 것으로 이루어진다. 즉, 누리과정 운영 평가는 일과 구성이 적절하였는지, 일상생활이나 활동이 놀이를 지원하는 방식으로 진행되었는지, 놀이를 통해 어떤 경험이 어떻게 일어났는지 등에 대해 평가할 수 있다.

특히 누리과정의 5개 영역(신체운동 · 건강, 의사소통, 사회관계, 예술경험, 자연탐구)은 유아가 놀이를 통하여 경험해야 할 내용이므로, 꼭 5개 영역이 모두 포함되어야 하는 것은 아니라 할지라도 교사는 놀이 상황에서 5개 영역과 관련한 경험이 이루어질 수 있도록 지원하는 것이 필요하다. 따라서 교육과정 운영에 대한 평가에 있어 하나의 놀이가 마무리되었을 때 유아의 놀이 경험이 5개 영역 안에서 어떻게 나타났는지 검토하고 교사가 무엇을 지원하였는지에 대해 평가할 수 있다.

### 토론

놀이 지원 외에 자신이 유아에게 강조하고 싶은 것이 있다면 무엇이 있는지 월별로 적어 보세요(예 : 기본생활습관, 창의성, 관계성 등). 왜 OO을 강조하고 싶은지에 대해서도 적어 보세요.

| 학기 | 강조할 점 | 강조하고자 하는 이유 |
|---|---|---|
| 1학기 | | |
| 2학기 | | |

# 2. 일과 운영

개정 누리과정의 유치원 교육 운영 및 편성에 따르면, 유치원은 1일 4시간에서 5시간의 교육과정 운영시간을 기본으로 하며, 이후는 방과 후 과정으로 운영된다. 하루 일과는 유아의 발달을 고려하여 교육시간 및 내용을 정하며 다양한 놀이가 일어날 수 있도록 지원한다. 또한 바깥놀이 시간을 확보하여 유아들이 스트레스를 해소하고 또래와의 사회적인 관계를 원활히 형성하도록 한다.

## 1) 일과 운영 원리

교사는 일과에서 유아의 놀이가 충분히 이루어지도록 편성하여 운영하는 것에 대해 중요하게 여기고, 이러한 놀이 외에도 등원과 하원, 간식과 점심, 손 씻기와 화장실 다녀오기 등 반복되는 일상생활의 중요성을 강조할 필요가 있다. 유아의 일상생활에서 이루어지는 이러한 활동은 교사가 미리 계획할 수도 있고 유아와 의논하여 순서를 정할 수도 있으며, 날씨의 변화나 놀이에 대한 흥미에 따라 달라질 수 있다.

### (1) 충분한 놀이

놀이중심 교육과정이 잘 운영되기 위해서는 유아의 놀이시간이 분절되지 않고 운영되어야 한다. 지속적인 놀이를 통해 유아가 놀이에 대한 몰입을 경험할 수 있으며 놀이를 통한 배움의 기회를 가질 수 있다. 따라서 교사는 자신이 계획한 교육계획이 있을지라도 유아의 놀이를 살펴보다가 배움의 순간이 나타났다고 생각될 때면 놀이시간을 연장하여 유아의 놀이를 확장할 수 있다.

### (2) 균형적이며 융통성 있는 일과

잘 계획되고 안내된 일과 계획은 유아가 시간의 흐름을 익히고 일과 활동을 예측가능하게 하며 유아에게 안정감에 대한 욕구를 충족시켜 준다. 이러한 일과는 교사와 유아가 함께 일과를 계획할 수 있으며, 교사가 계획한 일과에 유아의 의견을 반영할 수도 있다. 유아는 놀이뿐 아니라 일상생활을 통해서도 다양한 배움의 기회를 가질 수 있으므로 놀이 외에 이루어지는 일상생활 경험도 매우 중요하다. 교사는 유아가 자율적이고 주도적으로 일상생활을 할 수 있도록 인내심을 가지고 지원해 주며, 일상생활 외에도 교실에서 이루어지는 다양한 대소집단 활동에 참여할 수 있는 기회를 제공하도록 한다. 또한 필요에 따라 일과를 융통성 있게 조정함으로써 대소집단 활동, 놀이, 일상생활이 자연스럽게 균형을 이루게 되면 유아는 긍정적이고 다양한 배움에 참여할 수 있다.

### (3) 통합적인 일과

유아의 일과는 시간의 흐름에 따라 통합적으로 활동을 제공해야 한다. 유아가 하루를 유치원에서 생활하면서 유아의 발달에 있어 필요한 신체운동 · 건강, 의사소통, 사회관계, 예술경험, 자연탐구 영역의 증진을 가져올 수 있다. 이러한 발달 관련 요소는 통합적인 일과 안에서 대소집단 활동, 자유선택활동, 바깥놀이 및 실내놀이 등을 통해 이루어질 수 있다. 일반적으로 유치원에서 이루어지는 교육을 살펴보면 다음과 같다.

교육과정 일과 운영 예시

| 기본 과정 일과 운영 | |
|---|---|
| 09:00~09:50 | 등원 및 자유선택 활동 |
| 09:50~10:00 | 아침 달리기 |
| 10:00~10:10 | 인사 및 하루일과 계획 |
| 10:10~10:30 | 이야기 나누기 |
| 10:30~11:30 | 자유 선택활동 |
| 11:30~12:00 | 대 · 소집단 활동 |
| 12:00~12:40 | 점심 및 이 닦기 |
| 12:40~13:40 | 바깥놀이 활동 |
| 13:40~13:50 | 동화감상 및 회상하기 |
| 13:50~14:00 | 귀가 |

출처 : 배화여자대학교 부속유치원.

## 2) 시간에 따른 일과

### (1) 등원

현관에서는 원장(원감)이 유아의 등원을 맞이하며, 각 반의 담임교사는 교실에서 유아를 맞이한다. 이때 원장(원감)은 유아가 등원하면서 인사하는 것, 유아의 반을 확인한 후 신발장에 신을 넣는 것, 교실로 이동하는 것을 꼼꼼히 살피도록 한다.

각 반의 담임교사는 유아가 교실에 들어오면 유아의 눈높이로 자세를 낮추고 인사를 하며 자연스럽게 유아의 표정이나 병색의 유무, 청결함의 정도 등을 관찰한다. 이 과정에서 조금이라도 이상이 있는 경우, 유아에게 아프거나 불편하지 않은지 물어보고, 하루 일과 동안 영유아의 표정, 병색의 유무, 행동 특징을 관찰한다.

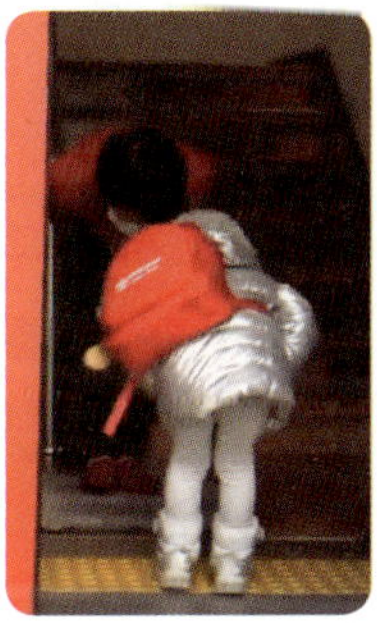

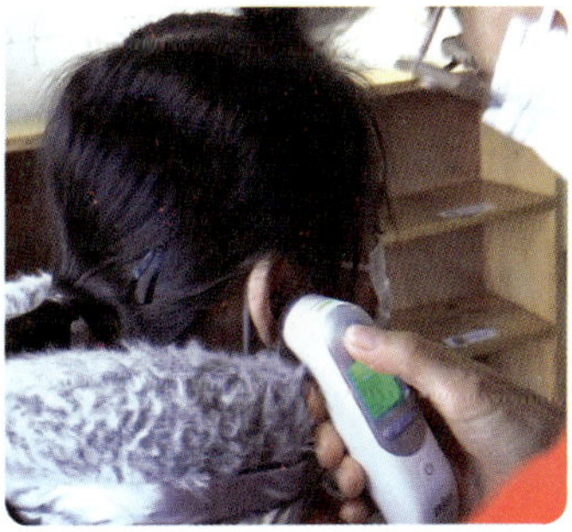

### (2) 일과계획

교사와 유아는 함께 모여 친구들과 인사를 나누고 출석을 체크한다. 이야기 나누기를 통해 하루 일과를 계획하고, 주말 지낸 이야기 등 자신의 생각이나 경험을 서로 들려 주거나 교실에서의 규칙 및 특별한 주제에 대하여 자유롭게 의견을 교환하는 시간이다.

### (3) 대·소집단 활동

대그룹 활동은 시간 대비 많은 정보의 이야기를 나눌 수 있다는 장점을 가진다. 이야기 나누기, 동화와 같은 문학작품을 듣거나 감상하는 시간 및 새노래 지도를 하는 시간에도 유아의 소감이나 생각을 발표할 수 있는 시간을 마련하여 유아가 자신의 생각을 표현하는 것을 자연스럽게 여길 수 있도록 하며, 발표를 잘하는 유아를 중심으로 이끌어 가기보다 전체 유아가 함께 참여할 수 있도록 유도한다. 소집단 활동은 4~6명으로 이루어지는 활동으로, 대그룹 활동에 비해 교사와 유아의 상호작용이 더 많이 이루어질 수 있다. 소그룹 활동은 관찰 및 요리 활동 등을 진행할 때 효과적이며 교사와 유아가 함께 활동을 진행할 수 있다는 장점을 지닌다.

### (4) 손 씻기

여러 활동을 하는 과정에서 유아의 손이 지저분해지기도 한다. 유아의 감염병을 예방하기 위해서는 손을 깨끗이 씻고 주변 환경을 깨끗이 하는 것이 필요하다. 이러한 기본생활습관은 어려서부터 습관이 되어야 한다. 따라서 교사는 기침예절, 손 씻기 등 개인위생 수칙을 준수하도록 교육한다.

- 1830(1일 8회 30초 손 씻기)운동 실천 생활화 지도
- 휴식 시간에 '손 씻기 송', '환기 송' 활용 권장
- 화장실에 비누 · 종이타월 · 손 건조기 비치, 개인 손수건 지참 지도

### (5) 간식 및 점심

유아는 유치원에 있는 동안 간식과 점심을 통해 균형 잡힌 영양과 열량을 섭취하도록 한다. 이때 유아가 편식 습관을 가지지 않도록 올바른 식습관을 형성하게 해야 한다. 이를 위하여 간식 및 점심식사를 하기 전 교사나 도우미는 행주로 책상을 닦아 깨끗한 환경에서 급 · 간식이 이루어질 수 있도록 한다. 유아가 손을 씻고 간식이나 점심식사를 할 수 있도록 지도하며, 유아가 적정량의 식사와 간식을 섭취하는지 살펴보고 평소와 다르게 식사를 못 하거나 배가 아플 경우 구체적으로 기록하고 무리하게 음식을 먹도록 유도하지는 않는다. 편식을 하는 유아가 있을 경우 이야기 나누기를 통해 음식의 좋은 점을 제시해 주면 유아의 편식을 줄일 수 있다. 또한 식사 시 예절을 지키고, 입에 음식이 있을 때에는 음식물을 섭취한 후 이야기를 하도록 한다. 점심시간에는 잔잔한 음악을 틀어 줌으로써 유아가 편안한 분위기에서 식사를 할 수 있도록 유도하는 것이 좋으며, 먼저 식사를 마친 유아의 경우 다른 친구들이 식사를 마칠 때까지 조용한 활동을 할 수 있도록 한다.

### (6) 자유선택활동

유아가 교실에 마련된 다양한 종류의 흥미 영역별 활동에서 스스로 선택한 놀이 활동에 자유롭게 참여하는 시간이다. 이때 유아는 자연스럽게 놀이를 하게 되고, 자율적이고 적극적인 활동을 통해 자기 만족감이 높아질 수 있다. 유아는 놀이를 통해 개별적인 상호작용을 증진시키고 보다 발전된 놀이를 할 수 있다. 교사는 유아 놀이의 관찰자가 되어 유아의 놀이 진행과정을 기록하고 놀이를 어떻게 지원할 수 있는지에 대해 생각해 볼 수 있다. 또한 관찰된 놀이를 중심으로 주제를 선정하여 다양한 대소집단 활동을 구성하는 것이 필요하다. 이를 위해서는 놀이 관찰에 따른 환경 구성자의 역할을 할 필요가 있다. 교사가 유아의 놀이에 개입하지 않으면서도 놀이를 하는 적절한 환경을 구성해 줌으로써 유아가 놀이에 몰입할 수 있도록 지원하는 것도 중요하다.

### (7) 실외활동

유아는 실외로 나가면 자신의 몸을 자유롭게 움직이고 자신의 욕구에 따라 자유롭게 움직인다. 실외활동에서 경험할 수 있는 다양한 소리, 햇빛에 따른 온도, 그림자의 변화와 같은 크고 작은 변화, 여러 곤충과 식물 · 동물에 대한 관찰 등은 탐구의 기초를 이루는 광범위한 교육에 있어 필수적이다. 유아가 자연의 변화를 직접 경험하는 것은 유아가 살아가는 공간에 대한 이해를 증진시키는 과정이 될 수 있다. 또한 마음껏 움직이면서 에너지를 발산하고 자신의 신체적인 능력을 시험 훈련하면서 대근육 발달을 이룰 수 있다. 실외놀이의 활성화를 위해 교사는 실내놀이에서처럼 관찰하기, 계획하기 등 다양한 개입 전략으로 유아의 놀이를 관찰하여 어떠한 상황인지 파악하고, 유아의 놀이에 적극적으로 참여하여 놀이의 방향을 이끌어 주거나 놀이가 확장되도록 상호작용할 수 있다.

### (8) 견학

견학을 계획할 때에 교사는 견학에 대한 목적을 명확히 해야 한다. 유아가 놀이하는 과정에서 어떠한 교육 내용과 활동을 보완해 줄 수 있는가에 대한 고민을 통해 적합한 장소를 선정하고 그에 따른 사전 답사를 실시한다. 사전 답사 시에는 방문 목적, 유아들이 하게 될 활동 및 그에 대한 질문, 설명, 화장실 위치, 식수시설 등을 점검한다. 특히 도착 소요시간, 진행될 활동의 소요시간, 출발지점 등을 확인하며 계획하면 유아와 함께하는 견학이 원활하게 이루어질 수 있다.

견학 시에는 만약의 사태에 대비하여 구급약이나 여벌의 옷, 화장지 등을 준비하고, 유아에게 명찰을 달아 유아가 어디에 있든지 유치원 및 교사가 연락을 받을 수 있도록 한다. 현장학습을 가기 전에는 학부모에게 견학에 대한 장소와 일시, 현장학습 목적과 내용, 유치원 도착시간, 부모 자원봉사 신청 등에 대해 공지함으로써 학부모가 유아의 견학에 대해 인지할 수 있도록 한다.

### (9) 하루 평가 및 귀가

유아는 유치원에서의 일과를 돌아보고 자신이 지녔던 감정을 하루 평가 시간에 이야기할 수 있다. 유아들이 하루를 지내면서 가졌던 감정을 표현할 수 있는 시간을 통해 유아는 자신의 일과를 돌아보고, 평가하는 시간을 통해 긍정적인 감정을 가진 유아는 즐거움을 극대화할 수 있고 부정적인 감정을 가진 유아는 부정적인 감정을 줄일 수 있다. 또한 교사도 유아의 평가를 들으면서 일과를 돌아보고 반성적 사고를 하는 기회가 될 수 있다.

귀가를 할 때에는 유아의 옷이나 양말이 바른지, 자신의 물통이나 급식판을 바르게 챙겼는지에 대해 확인하고, 버스를 타고 가는 친구들은 화장실을 다녀오도록 한다. 특히 학기초에는 하원버스를 이용하는 유아와 종일반 유아, 도보를 이용하는 유아를 잘 기억하여 유아를 학부모에게 안전하게 인계할 수 있도록 한다.

### (10) 방과 후 과정

유치원 방과 후 과정이란 오전 교육과정과 연계하여 유아교육을 확장 및 심화하는 과정이라 할 수 있다. 방과 후 과정은 교육과정 포함 최소 8시간을 운영하되, 2017년부터 보호자 동의하에 1시간 이내 방과 후 이용시간 개별 조정이 가능하다. 방과 후 과정의 경우 유아가 유치원에 있는 시간이 길어지기 때문에 유치원에서는 유아의 발달, 정서적 안정감, 체력 등 개별적 요구를 고려하여 휴식·건강·안전·영양 및 바깥놀이 등을 포함한 방과 후 과정 계획을 수립하고 편안하고 안정적인 분위기로 운영한다.

| 방과후 과정 일과 운영 | |
|---|---|
| 14:00~14:10 | 인사 및 일과계획 |
| 14:10~15:00 | 자유 선택활동 |
| 15:00~15:30 | 요일별 특성화 프로그램<br>(네이처 활동, 영어, 음악 및 동작, 동극, 과학) |
| 15:30~16:00 | 간식 및 휴식 |
| 16:00~17:00 | 바깥놀이 활동 |
| 17:00~ | 귀가지도 및 귀가 |

출처 : 배화여자대학교 부속유치원.

#### 토 론

유아가 하원한 후 교사의 할 일에 대해 이야기를 나누어 보세요.

# 3. 활동에 따른 일과

대 · 소집단 활동으로 이루어지는 교육 활동의 유형으로는 이야기 나누기, 문학, 음악, 과학, 조형, 신체활동 등이 있으며, 필요에 따라 대집단과 소집단으로 구성하여 실시할 수 있다.

## 1) 이야기 나누기

이야기 나누기는 주제에 대해 유아의 생각과 느낌을 표현하며 다른 사람의 의견을 경청하고 그에 대한 자신의 생각을 적절한 언어로 표현하는 시간이다. 이야기 나누기의 주제 선정은 교사가 제안하기도 하며, 유아들이 공통으로 관심을 가지는 것이나 유아의 의견에 따른 내용으로 진행될 수 있다. 이야기 나누기는 자유로운 분위기에서 이루어질수록 다양한 유아의 의견을 이끌어 낼 수 있다.

특히 이야기 나누기를 할 때 유아들이 알고 있는 것이나 경험한 것을 먼저 이야기할 수 있도록 한다. 교사가 발문을 할 때에는 유아의 사고를 확장시켜 줄 수 있는 개방적 질문을 통해 유아의 경험과 지식을 이끌어 내고, 창의적 사고를 위한 다양한 질문을 적절하게 구사하는 것이 필요하다. 또한 유아의 지속적인 주의집중을 위해 다양한 실물자료, 시청각자료 등을 제시하는 것이 바람직하다.

## 2) 문학활동

문학은 유아의 상상력, 창의력, 사회성을 증진시키기 위하여 다양한 방법으로 사용된다. 유아는 그림책을 보거나 어른이 들려주는 이야기를 통해 기쁨을 느끼는 것과 동시에 다양한 문제상황에서 해결하는 방법을 익히거나 새로운 세상을 경험하기도 한다. 더 나아가 교사가 들려준 동화를 중심으로 동극을 함으로써 동화 주인공과 동일시하기도 하며, 동시를 통해 우리말에 대한 심미감을 가질 수 있는 시간이다. 이를 위해 교사는 그림동화, 융판동화, 앞치마동화, 테이블동화, 자석동화, 막대동화, 슬라이드 동화, 텔레비전 동화 등 다양한 매체를 활용하여 교육하는 것이 필요하다.

## 3) 음률활동

음률을 통해 유아는 다양한 예술적 경험을 하고 음악의 즐거움을 느낄 수 있다. 음률활동에는 새노래 지도, 감상활동, 악기 연주 등이 있으며, 새노래와 악기연주, 감상활동 및 동작활동을 함께할 수 있다. 이를 통해 유아는 새로운 노래나 음악에 대해 관심을 갖고 음악적 심미감, 정서적 안정감을 가질 수 있으며, 자신이 가지는 풍부한 감정을 표현하고 이전의 음악가나 또래의 표현을 감상할 수 있다. 따라서 교사는 다양한 음률활동을 통해 유아가 자발적으로 표현하도록 지원하고 창의적인 표현을 장려하도록 한다.

### 4) 과학활동

과학은 일상생활에서 과학적 지식을 찾아가는 활동으로, 관찰, 분류, 측정, 실험 등을 통해 다양한 탐구를 하는 활동이다. 이때 관찰은 유아가 오감을 활용하여 주위환경을 탐색하고 이해하는 과정이다. 또한 다양한 도구를 이용하여 사물에 대한 특징과 변화를 관찰하거나 새로운 정보를 수집하는 과정이라 할 수 있다. 분류는 관찰한 여러 가지 물체나 다양한 정보에 대하여 일정한 기준을 가지고 유사점과 차이점에 따라 나누는 것을 의미한다. 측정이란 사물의 길이, 부피, 무게, 온도 등의 속성에 대하여 도구를 사용하여 정량적으로 관찰하는 것이다. 특히 실험은 유아가 놀이를 통해 궁금한 것을 직접 조작해 보는 활동이다. 따라서 교사는 유아가 실험하고자 하는 내용과 실험 방법, 실험 자료 등을 유아의 관심에 따라 적절하게 계획하여 유아의 탐구력을 증진시키도록 한다.

### 5) 미술활동

미술은 유아가 생활 속에서 미를 경험하고 즐기고 표현하며 아름다움을 추구함으로써 자신의 생각이나 느낌을 자연스럽게 그림으로 표현하거나 작품으로 표현하는 과정이다. 미술활동을 통해 교사는 유아의 다양한 정서를 느낄 수 있으며, 유아는 다양한 정서를 표출함으로써 정서발달에 긍정적인 효과를 가져올 수 있다. 특히 유아는 미술활동 속에서 미적 요소에 대한 지각과 이해를 통해 심미감을 키울 수 있고, 생활 속에서 미술을 즐기고 활용함으로써 아름다움을 추구하는 태도를 기를 수 있다. 예를 들어, 유아는 미술작품 속의 색, 형태, 질감, 명암 등 미적 요소에 대한 지각과 이해를 통해 심미감을 키울 수 있다. 따라서 교사는 유아에게 좋은 미술작품을 접할 수 있는 기회를 제공하고, 다양한 매체와 표현기법을 사용하여 새로운 미적 가능성을 탐색하도록 한다. 또한 유아의 작품에 대한 적절한 상호작용을 통해 감상의 기회를 제공할 필요가 있다.

## 6) 신체활동

신체활동은 기본운동 능력을 중심으로 한 체육활동과 심미감을 표현하는 동작활동으로 나누어 볼 수 있다. 게임과 같은 운동 능력을 중심으로 하는 활동은 유아가 일정한 규칙하에 집단으로 움직이거나 상호작용하는 기회뿐만 아니라 또래 집단과의 상호작용 상황에서 적절하게 반응하는 방법을 경험하게 한다. 이러한 경험은 유아에게 신체적인 운동 능력을 증진시킬 뿐 아니라 규칙의 중요성을 알게 하고, 협동 및 협력의 기회를 갖게 한다. 반면 동작활동은 감상을 통해 유아가 가질 수 있는 생각이나 느낌을 동작으로 표현하는 과정으로, 유아가 자신의 몸과 동작에 대한 탐색의 과정을 충분히 가지고 이를 토대로 창의적인 표현활동을 하는 것이다. 따라서 교사는 유아가 게임과 같은 신체활동을 통해 협동을 배우고 성취감을 느낄 수 있도록 하며, 동작활동을 통해 자신이 가지는 느낌을 재구성하여 표현하는 기회를 가질 수 있도록 한다.

토 론

1. 자신이 좋아하는 대 · 소집단 활동과 좋아하지 않는 활동의 순위를 적어 보세요.

| 활 동 | 순 위 | 이 유 |
|---|---|---|
| 동화 | | |
| 동극 | | |
| 동시 | | |
| 새노래 지도 | | |
| 악기 연주 | | |
| 음악감상 | | |
| 신체 표현 | | |
| 게임 | | |
| 요리 | | |
| 과학 | | |
| 미술 | | |
| 이야기 나누기 | | |
| | | |

# 제7장 행사 운영

유치원 행사란 유치원이 주체가 되어 정규 교육 활동 외에 기념일이나 명절 등에 특별히 계획하여 진행하는 활동을 의미한다. 즉, 정규 일과 외의 특별한 교육 활동으로 소풍, 학부모 참여수업, 체육대회 등이 대표적인 행사라 할 수 있다. 이러한 유치원 행사는 정규 교육 활동 외에 이루어지기 때문에 유아와 학부모 모두에게 특별한 의미를 가지는 중요한 교육 활동이다. 이 장에서는 유치원에서 이루어지는 전반적인 행사에 대해 알아보고자 한다.

**관련자료 : 현대리나숲유치원** https://youtu.be/2e3gYMYtZ8s

<생각해 보기>

유치원에서 행사를 왜 하는 것인지에 대해 생각해 보세요.

〈평가지표〉 Ⅰ-2. 유아 · 교육과정 평가 및 환류

# 1. 행사 절차

유치원 행사는 유아와 학부모에게 특별한 의미를 부여할 뿐만 아니라, 유아에게 있어 질서, 양보, 나눔, 배려, 협력 등의 인성을 함양한다는 점에서 교육적 가치가 크다. 유치원 행사는 행사 전 계획 수립, 준비, 진행, 평가 등 일련의 과정이 체계적으로 이루어져야 하기 때문에 다음과 같은 절차에 의해 진행된다.

## 1) 계획

유치원 행사의 첫 번째 단계로 행사의 목표를 수립하는 것이 필요하다. 행사의 목표 수립은 유치원의 연간교육계획과 함께 이루어지며, 교사회의를 통해 진행한다.

### (1) 목표 수립 및 방향 설정을 위한 교사회의

연간교육의 행사계획에 있어 행사의 중요도를 결정하는 것은 다음과 같은 내용들이다. 첫째, 행사의 취지, 목표, 참여 대상에 대한 전반적인 내용을 확인한다. 둘째, 전년도 행사 진행 결과에 대한 만족도 조사 등을 연간행사계획 시 반영하도록 한다. 셋째, 행사의 전반적인 흐름을 유치원 교사가 숙지하고 행사에 있어 자신에게 배치된 역할에 대하여 확인한다. 넷째, 행사의 원활한 진행을 위해 신입교사 및 보조교사에 대한 사전 교사교육을 계획하고 실시한다. 다섯째, 행사 진행을 위한 소요 경비를 산출하여 지출한다. 여섯째, 예상하지 못한 상황에 대한 대책을 미리 세워 대처하도록 한다.

### (2) 행사 관련 정보 수집

유치원에서 매년 진행하는 행사일지라도 매년 같은 형식으로 하기도 하고 때로는 진행 형식을 바꾸기도 한다. 따라서 유치원 행사를 위해 다양한 트렌드와 관련 정보를 수집하는 것이 필요하다. 이러한 정보는 인터넷 활용 및 행사 유관기관의 정보 검색, 타 유치원의 행사 사례 등을 통해 알 수 있다.

#### (3) 교사 배치 및 역할 분담

유치원 행사는 유치원 전체의 행사이므로 교사의 협력을 통해 행사가 준비되고 실행되며 마무리된다. 이러한 행사는 시작부터 마무리까지의 원활한 진행을 위하여 교사의 개인 특성을 적절하게 반영한 역할분담표를 만드는 것이 좋다. 운동회와 같이 유아가 함께 진행할 수 있는 행사의 경우에는 각 반별로 역할을 분담하는 것도 좋다. 이때 역할 분담 시 초임교사의 경우에는 독립적인 업무를 맡기보다는 경력교사와 함께 업무를 담당하는 것이 일을 배우는 과정에서 긍정적인 효과를 가져올 수 있다.

### 2) 준비

계획된 행사를 진행하기 위해서는 다양한 준비과정이 필요하다. 행사를 위한 초대 및 안내장 준비, 행사 일정 등을 참여 대상에게 알리고 행사에 필요한 과정 및 물품을 준비한다.

#### (1) 행사 관련 안내

유치원 행사 초대장 제작은 유아와 학부모들에게 행사의 내용을 알리는 홍보의 개념을 가지게 된다. 행사 유인물에는 행사의 목적 및 취지, 일시, 장소, 참여 대상, 행사 위치, 세부 일정 등의 내용으로 구성한다. 유인물을 제작할 때에는 각 행사의 특성에 따라 교사가 제작하기도 하고 유아가 제작하기도 한다. 이러한 행사 관련 초대장 및 안내는 유치원 애플리케이션에 공지하거나 초대장을 제작하여 배부한다. 이때 우천, 폭설, 태풍 등의 기상악화와 같은 불가피한 상황으로 행사 진행이 어려운 경우 행사의 날짜를 변경하거나 원내 행사로 바꾸는 것과 같은 대체

방안을 함께 공지한다.

### (2) 행사 관련 일정 준비

유치원 행사는 행사의 목적과 취지에 맞도록 일정을 계획한다. 그에 따른 행사 세부 일정표를 작성하고, 세부 일정에 따른 역할을 확인하여 각 일정에 따른 준비를 시작한다. 행사를 계획할 때에는 전체 일정을 고려하여 세부 활동을 여유 있게 계획한다.

### (3) 행사 물품 준비

행사를 준비하는 데 있어서는 일정에 따른 준비 및 세부 행사와 관련된 물품 준비가 이루어져야 한다. 준비 담당교사는 행사에 필요한 품목을 정확히 확인하여 준비하는 것이 필요하다. 이때 물품에 따라 구입해야 하는 물품과 대여할 물품 등으로 분류하여 준비하는 것이 좋다.

### (4) 사전 답사

원외 행사의 경우 원활한 운영 및 안전을 위해서 사전 답사가 필요하다. 사전 답사는 유아 견학 시 이루어지는 사전 답사와 비슷하게 이루어지며, 답사 장소, 담당자 연락처, 소요시간, 대중교통편, 주차시설 및 승하차 장소, 입장료, 준비물, 식사 장소, 화장실 위치, 위험 요소 등을 확인한다.

## 3) 진행

유치원 행사는 유아와 학부모들이 즐겁게 행사에 참여할 수 있도록 계획하는 것이 필요하다. 원활한 행사 진행은 계획된 준비과정을 통해 이루어지는 것이며, 행사 진행과정에서 교사들 간의 원활한 의사소통이 필요하다. 교사는 계획 시 제시되었던 자신의 역할 및 배치에 따라 움직이며, 자신이 담당하는 역할을 잘 감당하도록 한다.

### 4) 평가

유치원의 행사를 마치면 행사에 대한 평가를 통해 행사에 대한 전반적인 계획부터 진행까지의 사항을 돌아보는 시간을 갖는다. 이때 평가 대상은 유아, 학부모, 교사 등으로 나누어 실시할 수 있으며, 유아의 경우 행사 다음 날 유아가 행사를 돌아보고 평가하는 활동, 학부모의 경우 다양한 행사 평가서를 통해 이루어질 수 있다. 이때 평가 내용은 날씨, 참석 인원, 소요경비, 행사 내용 등 행사에 대한 전반적인 내용 모두가 포함될 수 있다. 교사는 행사에 대한 계획부터 교사 배치, 준비 물품 등의 사소한 것까지 평가하여 다음 행사를 준비할 때 도움이 될 수 있는 자료로 남겨 놓는다. 이러한 평가는 지금까지 지면을 통한 평가로 많이 이루어졌으나, 근래에는 온라인을 통한 평가가 많이 이루어지고 있다.

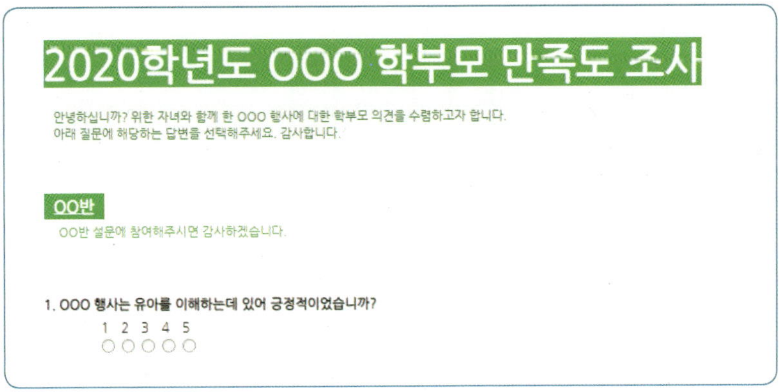
2020학년도 OOO 학부모 만족도 조사

안녕하십니까? 위한 자녀와 함께 한 OOO 행사에 대한 학부모 의견을 수렴하고자 합니다.
아래 질문에 해당하는 답변을 선택해주세요. 감사합니다.

OO반

OO반 설문에 참여해주시면 감사하겠습니다.

1. OOO 행사는 유아를 이해하는데 있어 긍정적이었습니까?

1 2 3 4 5

학부모 온라인 만족도 조사 예시

**활 동**

주제를 정하여 조별로 네이버 오피스를 이용하여 설문지를 만들어 보세요.

**〈네이버 오피스 설문지 만드는 방법〉**

네이버 창에서 '네이버 오피스'를 입력한다.
네이버 오피스의 창에 나타난 다양한 문서 중 '폼' 의 단계에서 새문서를 클릭한다.
설문에 대한 주제 및 제목, 문항을 만든다.

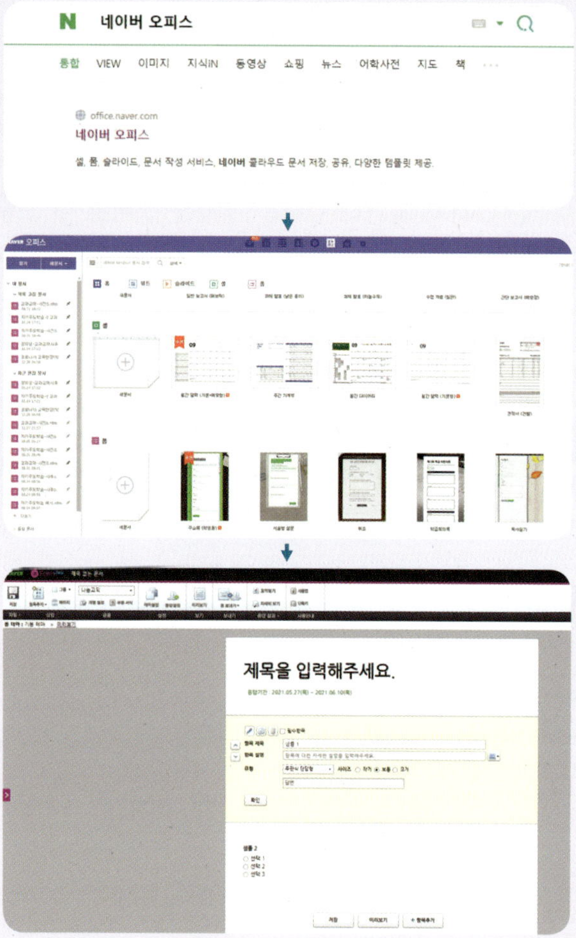

## 2. 다양한 행사

### 1) 입학설명회

교사는 입학설명회를 계획하고 일정에 따라 학부모에게 제시할 유치원 소개 및 공지사항 등을 준비한다. 학부모에게 나누어 줄 물품이나 자료가 있다면 자료에 학부모 및 유아명을 적어 빠진 것이 없는지 확인하고, 일정이 마친 후 어느 학부모가 참여하지 않았는지, 참여한 학부모가 물품 및 자료를 받았는지를 확인한다. 혹시 참여하지 못한 학부모가 있다면 학부모가 입학설명회 신청 시 남긴 연락처를 통해 다음 입학설명회의 날짜를 알려 줄 수 있다. 입학설명회에 대한 행사 목표 및 내용은 다음과 같다.

〈표 7-1〉 입학설명회 준비사항

| 구분 | 내용 |
|---|---|
| 목표 | • 유치원에 대한 홍보 |
| 장소 | • 유치원 강당 |
| 시간 | • 10~11시 |
| 대상 | • 신입 부모 |
| 물품 | • 유치원 홍보자료 |
| 역할 분담 | • 환경 구성 / 행사 진행자 / 일정에 따른 진행 / 사진 촬영 / 현관 |
| 행사 대체 | • 비가 올 경우(우산꽂이) |

#### (1) 입학설명회 계획 및 준비

① 원장과 교사가 함께 회의를 통해 계획 및 준비를 진행한다.

② 유치원 홍보에 있어 들어가면 좋을 내용을 선정한다.

③ 선정된 내용에 대하여 각 반의 자료를 받아 PPT 및 영상을 만든다.

④ 정책적인 부분을 고려하여 입학설명회를 준비한다.

### (2) 입학설명회 진행

① 교사의 배치에 따라 교사는 현관 및 강당에서 학부모를 웃으며 맞이한다.
② 학부모의 이름과 유아의 이름을 확인하고 홍보자료를 제공한다.
③ 유아가 함께 왔다면 유아가 할 수 있는 활동이 준비된 교실로 안내한다.
④ 일정에 따른 행사를 진행한다.

### (3) 입학설명회 평가

① 유치원에 대한 정보를 제공하였는가?
② 부모가 관심을 많이 가졌는가?
③ 유치원 입학 절차에 대하여 확실하게 공지하였는가?

〈표 7-2〉 입학설명회 체크리스크

| 내 용 | 확 인 |
|---|---|
| • 입학설명회 안내를 미리 각 학부모에게 공지하였는가? | □ |
| • 부모를 위한 필요자료(이름표 등)는 준비되어 있는가? | □ |
| • 부모에게 제공되어야 하는 자료는 인원에 맞게 준비되어 있는가? | □ |
| • 입학설명회 장소는 깨끗하고 밝은 분위기인가? | □ |
| • 부모와 함께 참석한 유아를 위한 준비는 되어 있는가? | □ |
| • 기록을 위한 자료(참석확인서, 카메라 등)는 준비되어 있는가? | □ |
| • 교직원 각자의 역할 및 내용을 인지하고 있는가? | □ |
| • 교직원의 복장은 입학설명회에 적합한가? | □ |

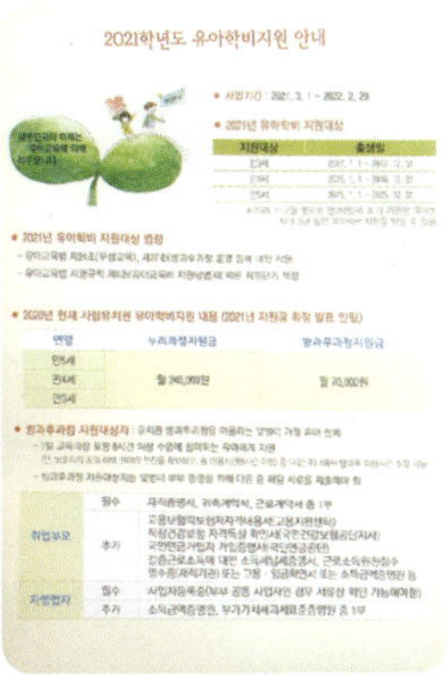


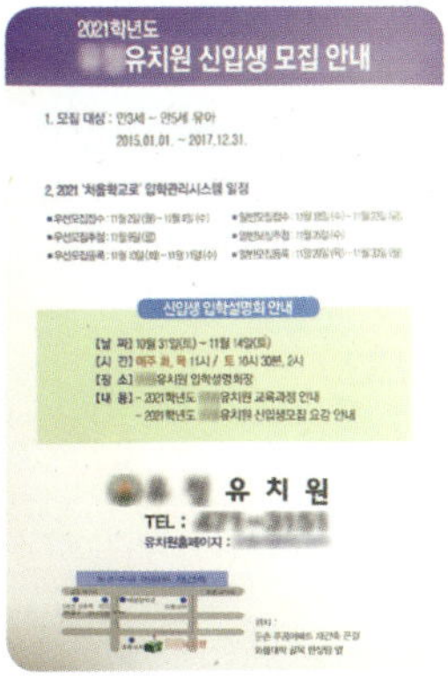


## 2) 오리엔테이션

오리엔테이션은 입학설명회와 마찬가지로 학기 시작 전에 이루어지기 때문에 교사가 유아와 학부모의 이름을 잘 알지 못하는 경우가 많이 있으므로 학부모에게 나누어 줄 물품이나 자료에 학부모 및 유아명을 적어 표시하도록 한다.

오리엔테이션 운영을 위한 교사회의 준비 및 실행 교사회의의 주요 내용은, 첫째, 행사 일정, 둘째, 세부 실행에 대한 계획, 셋째, 행사 실행에 따른 자료 준비, 넷째, 담당교사 역할 및 업무 분담, 다섯째, 안내문 작성의 순서에 따라 행사를 준비하는 것 등이다. 이때 오리엔테이션에 대한 준비사항을 체크하며 진행하는 것이 좋다. 유치원에서 제공하는 선물은 오리엔테이션을 진행할 때 제공할지, 입학식에서 제공할지를 결정하여 준비하도록 한다.

특히 유아와 함께 오리엔테이션을 진행할 시 전체 반이 함께 이루어시는 것이 아니라 연령별로 진행하거나 연령에 따라 한 반씩 진행하도록 한다. 교사들은 유아들의 활동을 진행하는 과정에서 유아의 발달을 전반적으로 체크해 볼 수 있는 활동을 제시하고 간단하게 체크를 하면서 활동을 진행할 수 있다. 오리엔테이션에 대한 행사 목표 및 내용은 다음과 같다.

〈표 7-3〉 오리엔테이션 준비사항

<table>
<tr><th>구 분</th><th colspan="2">내 용</th></tr>
<tr><td>목표</td><td colspan="2">• 유치원에 대한 유아 및 부모의 친근감 및 안정감 형성</td></tr>
<tr><td>장소</td><td colspan="2">• 유치원 강당이나 각 교실</td></tr>
<tr><td>시간</td><td colspan="2">• 10~11시</td></tr>
<tr><td>대상</td><td colspan="2">• 신입 부모 및 유아</td></tr>
<tr><td rowspan="3">물품</td><td colspan="2">• 신입생을 위한 선물이나 교복</td></tr>
<tr><td>학부모 배부 자료</td><td>오리엔테이션 영상 및 자료</td></tr>
<tr><td>• 유아 관리 관련서류<br>• (입학원서, 응급처치 동의서, 방과 후 프로그램, 개인정보이용동의서 등)<br>• 버스노선 안내문<br>• 입학식 및 유아 오리엔테이션 안내문</td><td>• 신입생 예비 교육자료<br>• 교육과정 프로그램 및 교육계획안<br>• 연간행사계획 및 생활 안내<br>• 식단<br>• 방과 후 프로그램 안내</td></tr>
<tr><td>역할 분담</td><td colspan="2">• 환경 구성 / 행사 진행자 / 일정에 따른 진행 / 사진 촬영 / 현관 (각 반별로 활동을 구성할 경우 각 반별 교사 배치)</td></tr>
<tr><td>행사 대체</td><td colspan="2">• 비가 올 경우(우산꽂이)</td></tr>
</table>

### (1) 오리엔테이션 계획 및 준비

① 원장과 교사가 함께 회의를 통해 계획 및 준비를 진행한다.

② 오리엔테이션에 들어가면 좋을 활동을 선정한다.

③ 유아와 부모가 함께할 경우 다양한 활동을 준비한다.

④ 학부모에게 배부할 자료를 준비하고 이름을 적어 놓는다.

### (2) 오리엔테이션 진행

① 교사의 배치에 따라 교사는 현관 및 강당에서 학부모와 유아를 맞이한다.

② 학부모의 이름과 유아의 이름을 확인하고 각 활동에 참여할 수 있도록 안내한다.

③ 유아가 활동에 즐겁게 참여할 수 있도록 분위기를 조성한다.

④ 유아가 활동하는 것을 보며 유아의 발달을 체크할 수 있다.

### (3) 오리엔테이션 평가

① 유아와 부모가 유치원에 대한 긍정적인 느낌을 받도록 지원하였는가?
② 오리엔테이션에 제공한 활동은 유아의 수준에 맞았는가?

오리엔테이션에 대한 준비 내용은 다음과 같다.

〈표 7-4〉 오리엔테이션 체크리스트

| 내 용 | 확 인 |
|---|---|
| • 오리엔테이션 안내문을 미리 각 학부모에게 공지하였는가? | ☐ |
| • 부모를 위한 필요자료(이름표 등)는 준비되어 있는가? | ☐ |
| • 부모에게 제공되어야 하는 자료는 인원에 맞게 준비되어 있는가? | ☐ |
| • 오리엔테이션 장소는 깨끗하고 밝은 분위기인가? | ☐ |
| • 부모와 함께 참석한 유아를 위한 준비는 되어 있는가? | ☐ |
| • 기록을 위한 자료(유아발달 체크 표)는 준비되어 있는가? | ☐ |
| • 교직원 각자의 역할 및 내용을 인지하고 있는가? | ☐ |
| • 교직원의 복장은 오리엔테이션에 적합한가? | ☐ |
| • 오리엔테이션 평가가 준비되어 있는가? | ☐ |

| 오리엔테이션 활동 | 만 3세 발달 체크 예시 |
|---|---|
|  | • 몇 가지 색깔을 이야기할 수 있는가?<br>• 가위질을 직선으로 할 수 있는가?<br>• 숫자를 셀 수 있는가? |

## 3) 입학식

유아는 입학식을 통해 새로운 환경에 대한 흥미를 느끼고 소속감을 가질 수 있다. 입학식은 만 3세 유아가 유치원의 생활을 시작한다는 의미를 전달함에 있어 중요한 행사이다. 원가를 처음 들어 보고 원장님의 말씀을 경청하는 과정, 각 반의 선생님 소개를 통해 유아는 유치원에 관심을 가질 수 있다. 또한 각 반별로 입학식을 마친 후 교실을 둘러볼 수 있다. 입학식에 대한 행사 목표 및 내용은 다음과 같다.

〈표 7-5〉 입학식 준비사항

| 구분 | 내용 |
|---|---|
| 목표 | • 입학식을 통해 새로운 환경 및 행사에 대한 흥미를 느낀다. |
| 장소 | • 유치원 강당 |
| 시간 | • 10~11시 |
| 대상 | • 만 3세 부모 및 유아 |
| 물품 | • 의자, 현수막, 음향(애국가, 원가), 입학선물 등 |
| 역할 분담 | • 환경 구성 / 행사 진행자 / 일정에 따른 진행 / 사진 촬영 / 현관 |
| 행사 대체 | • 비가 올 경우(우산꽂이) |

### (1) 입학식 계획 및 준비

① 입학식 순서에 대하여 회의한다.
② 입학식에 등장하는 교직원의 순서를 확인한다.
③ 유아가 앉을 의자와 학부모가 앉을 의자를 따로 세팅한다.
④ 입학식에 대한 식순을 준비한다.

### (2) 입학식 진행

① 교사의 배치에 따라 교사는 현관 및 강당에서 학부모를 웃으며 맞이한다.

② 학부모의 이름과 유아의 이름을 확인하고, 강당의 각 반 의자에 유아가 앉도록 지도한다.

③ 식순에 따라 진행한다.

### (3) 입학식 평가

① 유아가 유치원에 대한 긍정적인 모습을 보였는가?

② 입학식에 걸맞은 교직원의 차림이었는가?

③ 교직원 각자의 역할 및 내용을 잘 수행하였는가?

입학식에 대한 준비 내용은 다음과 같다.

〈표 7-6〉 입학식 체크리스트

| 내용 | 확인 |
|---|---|
| • 입학식 안내문을 미리 각 학부모에게 공지하였는가? | ☐ |
| • 입학식 장소는 깨끗하고 밝은 분위기인가? | ☐ |
| • 반별 유아의 자리와 부모의 자리가 마련되었는가? | ☐ |
| • 입학식의 식순이 제공되었는가? | ☐ |
| • 교직원 각자의 역할 및 내용을 인지하고 있는가? | ☐ |
| • 교직원의 복장은 입학식에 적합한가? | ☐ |

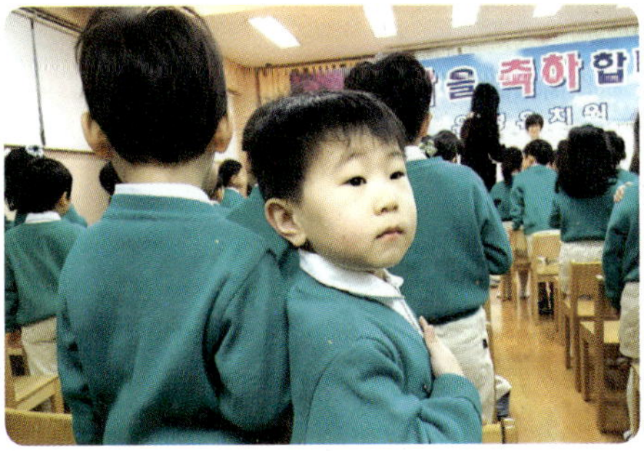

### 4) 상담

유아가 유치원에 적응함에 따라 교사는 유아에 대한 특성 및 유치원 생활에 대하여 학부모와 이야기할 시간을 갖는다. 5분에서 20분 정도의 상담시간을 통해 교사는 유아가 전반적으로 유치원에서 어떻게 지냈는지에 대해 부모에게 설명하고, 부모는 교사에게 가정에서 유아가 어떻게 지내는지에 대해 이야기를 나눈다. 이 시간을 통해 부모와 교사는 유아를 어떻게 도와주면 좋을지에 대해 이야기 나눔으로써 유아의 긍정적인 유치원 생활을 지원할 수 있다. 이러한 상담은 연초와 연말에 한 번씩, 1년에 보통 2번 이루어진다. 실제 학기초 상담의 경우 자료를 제시하기보다 학부모와 교사의 의견 및 유아에 대해 알아야 할 전반적인 사항이 주된 내용이라면, 연말에 이루어지는 상담은 유아가 유치원을 다니는 동안 활동한 여러 자료 및 포트폴리오, 발달기록 등의 자료를 제시하며 이루어진다. 상담에 대한 행사 목표 및 내용은 다음과 같다.

〈표 7-7〉 상담 준비사항

| 구분 | 내용 |
|---|---|
| 목표 | • 유아의 생활에 대한 이해 및 가정 생활에 대한 이해를 한다. |
| 장소 | • 유치원 각 반 교실 및 전화상담 |
| 시간 | • 각 유아별로 상이함 |
| 대상 | • 교사와 부모 |
| 물품 | • 유아가 활동한 포트폴리오 및 발달기록, 부모님께 미리 나갔던 상담준비 질문지 |
| 역할 분담 | • 각 반별 교사가 진행 |
| 행사 대체 | • 비가 올 경우(우산꽂이) |

#### (1) 상담 계획 및 준비

① 가정통신문을 통해 학부모 상담 일정을 안내한다.

② 시간대에 따라 학부모가 희망하는 시간대를 미리 조사하여 시간을 안내한다.

③ 차례를 기다리는 동안 여유를 가질 수 있도록 간단한 다과를 제공한다.

### (2) 상담 진행

① 현관에서 부모를 맞이하는 교사는 각 교실로 부모를 안내한다.

② 교사는 교실에서 부모를 맞이한다.

③ 부모가 상담하고자 하는 내용을 귀담아 듣고 유치원에서 지내는 유아의 상황에 대해 이야기를 나눈다.

### (3) 상담 평가

① 부모가 하고자 하는 이야기를 귀담아 들었는가?

② 교사가 이야기하고자 했던 내용을 명확하게 전달하였는가?

③ 같이 온 유아가 상담을 하는 동안 안전하게 있었는가?

상담에 대한 준비 내용은 다음과 같다.

〈표 7-8〉 상담 체크리스트

| 내 용 | 확 인 |
|---|---|
| • 상담 안내문 및 시간을 학부모에게 공지하였는가? | ☐ |
| • 교실은 깨끗하고 밝은 분위기인가? | ☐ |
| • 부모와 함께 참석한 유아를 위한 준비는 되어 있는가? | ☐ |
| • 15분에서 20분의 시간을 지켰는가? | ☐ |
| • 유아에 대한 전반적인 상담자료를 준비하였는가? | ☐ |
| • 교사의 복장은 상담에 적합한가? | ☐ |

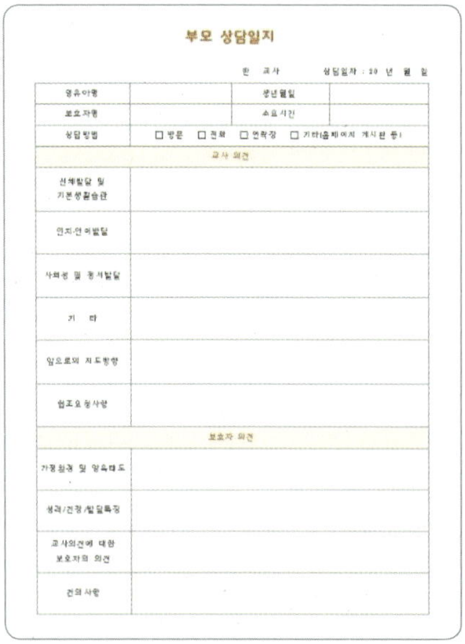

**부모 상담일지**

반 교사 상담일자 : 20 년 월 일

| 영유아명 | | 생년월일 | |
|---|---|---|---|
| 보호자명 | | 소요시간 | |
| 상담방법 | □ 방문 □ 전화 □ 연락장 □ 기타(홈페이지 게시판 등) | | |
| 교사 의견 | | | |
| 신체발달 및 기본생활습관 | | | |
| 인지·언어발달 | | | |
| 사회성 및 정서발달 | | | |
| 기 타 | | | |
| 앞으로의 지도방향 | | | |
| 협조요청사항 | | | |
| 보호자 의견 | | | |
| 가정환경 및 양육태도 | | | |
| 성격/건강/발달특징 | | | |
| 교사의견에 대한 보호자의 의견 | | | |
| 건의 사항 | | | |

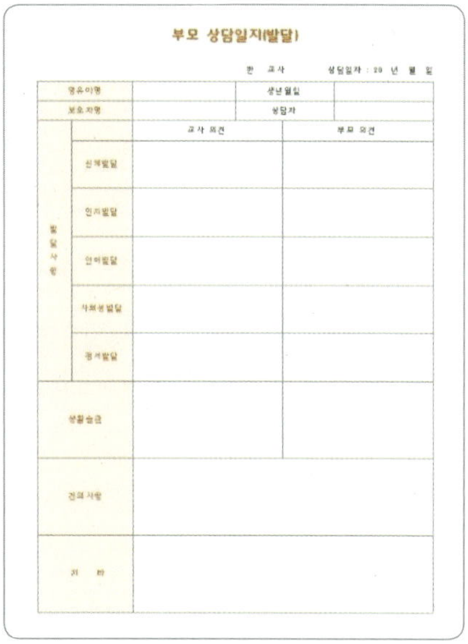

**부모 상담일지(발달)**

반 교사 상담일자 : 20 년 월 일

| 영유아명 | | 생년월일 | |
|---|---|---|---|
| 보호자명 | | 상담자 | |
| 발달사항 | | 교사 의견 | 부모 의견 |
| | 신체발달 | | |
| | 인지발달 | | |
| | 언어발달 | | |
| | 사회성발달 | | |
| | 정서발달 | | |
| 생활습관 | | | |
| 건의 사항 | | | |
| 기 타 | | | |

## 5) 학부모 참여수업

학부모 참여수업은 유치원 교육 활동에 학부모가 직접 참여하여 자녀의 행동과 태도의 이해를 돕기 위한 행사이다. 학부모들은 참여수업을 통해 자녀의 행동과 태도(유치원에서의 생활, 또래관계, 활동의 참여 정도, 선생님과의 상호작용 등)를 확인할 수 있고, 이것은 자녀의 양육 방향을 수립하는 데 기초가 될 수 있다. 학부모 참여수업은 각 학기별로 1회 정도 실시하는 것이 일반적이다. 학부모 참여수업에 대한 행사 목표 및 내용은 다음과 같다.

〈표 7-9〉 참여수업 준비사항

| 구 분 | 내 용 |
|---|---|
| 목표 | • 부모의 자녀 이해 및 유치원 활동에 대한 이해를 돕는다. |
| 장소 | • 유치원 각 반 교실 및 강당(필요시) |
| 시간 | • 10~11시 / 2~3시 |

| 대상 | • 유치원 전 학년 부모 및 유아 |
|---|---|
| 물품 | • 각 활동에 필요한 재료(학부모 참여수업 프로그램에 따라 다름) |
| 역할 분담 | • 환경 구성 / 행사 진행자 / 일정에 따른 진행 / 사진 촬영 / 현관 |
| 행사 대체 | • 비가 올 경우(우산꽂이) |

### (1) 학부모 참여수업의 계획 및 준비

① 가정통신문을 통해 학부모 참여수업 일정을 안내한다.

② 시간대에 따라 학부모가 희망하는 시간대를 미리 조사하고 오전, 오후 중에 참여수업을 편성하여 수업을 계획한다.

③ 수업에 필요한 자료를 준비한다.

④ 수업과 관련된 환경 구성을 하고 교실을 깨끗하게 정리한다.

⑤ 학부모 및 유아 이름표, 일정표를 미리 준비한다.

⑥ 수업 마무리 단계에서 진행할 학부모 참여수업 소감문이나 만족도 조사지를 준비한다.

### (2) 학부모 참여수업의 진행

① 학부모 및 유아 이름표, 일정표를 배부한다.

② 수업 진행 시 유아의 뒤에 부모님이 위치하도록 안내한다.

③ 준비된 수업을 실시한다.

④ 모든 활동이 종료되면 유아가 소감을 발표하도록 한다.

⑤ 부모가 소감문이나 만족도 설문지를 작성하고, 수업 결과물을 가지고 귀가 지도한다.

### (3) 학부모 참여수업의 평가

① 학부모 참여수업 계획 및 준비에 소홀한 부분은 없었는가?

② 수업에 활용된 자료의 준비 및 내용은 적절하였는가?

③ 학부모 참여수업의 진행 시간은 적절하였는가?

④ 학부모들의 만족도는 어떠했는가?

학부모 참여수업에 대한 준비 내용은 다음과 같다.

〈표 7-10〉 참여수업 체크리스트

| 내 용 | 확 인 |
|---|---|
| • 가정통신문을 통해 학부모 참여수업 일정을 안내했는가? | □ |
| • 담임교사는 수업에 필요한 자료를 미리 준비하였는가? | □ |
| • 학부모 참여수업 계획 및 준비에 소홀한 부분은 없었는가? | □ |
| • 형제가 함께 다니는 경우에는 일정이 겹치지 않도록 계획하였는가? | □ |
| • 활동 장소는 깨끗하고 밝은 분위기인가? | □ |
| • 학부모 및 유아 이름표, 일정표를 미리 준비해 두었는가? | □ |
| • 반별로 준비한 동영상 시청 후에 마무리에는 각자의 소감을 발표하였는가? | □ |
| • 교직원 각자의 역할 및 내용을 인지하고 있는가? | □ |
| • 학부모 참여수업의 진행 시간은 적절하였는가? | □ |
| • 학부모 참여수업 소감문이나 만족도 평가가 준비되어 있는가? | □ |

## 6) 소풍 및 현장체험학습

소풍은 각 유치원의 사정에 따라 실시 시기나 횟수가 다소 차이가 있기는 하지만, 일반적으로 일년에 1번 또는 봄과 가을에 각 1회씩 이루어진다. 이러한 소풍은 각 유치원에 따라 공원이나 동물원으로 가기도 하고, 유치원 소속의 예절관이나 텃밭과 같은 곳으로 가기도 한다. 이 외에도 유치원에서는 다양한 현장체험학습을 진행한다. 유아는 유치원 현장체험학습을 통해 유치원 교육과정의 내용을 보다 깊이 있게 탐색하고 실제로 체험해 볼 수 있다. 유치원에 따라 현장체험을 적극적으로 진행하는 유치원이 있는 반면, 외부 체험학습 진행에 있어 소극적인 유치원이 있기 때문에 소풍 및 현장체험학습은 유치원에 따라 차이가 많이 나타난다. 견학을 많이 가는 유치원의 경우 각 월별로 한 번씩 진행하는 원도 있다. 실제 기존 누리과정의 생활주제에 따르면 3월에는 꽃시장, 4월에는 동물원, 5월에는 공원이나 공연 관람, 6월에는 전쟁기념관, 7월에는 갯벌, 8월에는 철도박물관이나 교통박물관, 9월에는 고궁 및 김치박물관, 10월에는 미술관 및 세계 여러 나라 관련 박물관, 11월에는 과학싹잔치, 12월에는 공연 관람 등으로 구성하기도 한다. 이러한 소풍 및 현장체험학습의 목표 및 내용은 다음과 같다.

〈표 7-11〉 견학 준비사항

| 구분 | 내용 |
|---|---|
| 목표 | • 교육과정과 연계하여 유치원 내에서 할 수 없는 다양한 활동을 경험할 수 있다. |
| 장소 | • 동물원, 박물관, 체험관 등 |
| 시간 | • 유치원 내의 시간으로 진행 또는 9:00–14:00 |
| 대상 | • 유아 |
| 물품 | • 물, 간식(늦게 원에 돌아올 경우 도시락) |
| 역할 분담 | • 반별 교사 인솔 |
| 행사 대체 | • 비가 올 경우 유치원에서 활동 진행 |

### (1) 소풍 및 현장체험학습의 계획 및 준비

① 일정은 기상상황을 고려하여야 한다.

② 소풍 및 현장체험학습은 교육 목표에 따른 장소를 선택하여 신청한다.

③ 선정된 장소에 대한 사전 답사를 실시한다.

④ 당일 일정표 및 세부 프로그램을 계획한다.

⑤ 당일 이동할 차량을 미리 섭외하거나 유치원 버스의 일정을 조율한다.

⑥ 일정, 장소, 우천 시 계획, 준비물 등에 대한 소풍 안내문을 작성한다.

### (2) 소풍 및 현장체험학습의 진행

① 당일 인원 파악, 환아 점검, 안전벨트 착용 확인 후 이동한다.

② 준비된 활동 등을 진행한다.

③ 활동이 종료된 후에는 준비한 쓰레기봉투에 쓰레기를 담아 유치원에서 분리수거 할 수 있도록 주변을 정리한다.

④ 유아 인원 파악 후 유치원으로 이동한다.

### (3) 소풍 및 현장체험학습의 평가

① 소풍 및 현장체험학습이 목적에 맞게 진행되었는가?

② 당일 안전사고가 없었는가?

③ 우천이나 기상 악화로 인한 혼란은 없었는가?

소풍 및 현장체험학습에 대한 준비 내용은 다음과 같다.

〈표 7-12〉 견학 체크리스트

| 내 용 | 확 인 |
|---|---|
| • 기상상황을 고려하여 계획하였는가? | ☐ |
| • 가정통신문을 통해 일정을 안내하였는가? | ☐ |

| 내 용 | 확 인 |
| --- | --- |
| • 담임교사는 소풍 및 현장학습에서 유아가 경험할 내용에 대한 수업을 진행하였는가? | □ |
| • 유아의 명찰 및 여벌 옷, 약품, 카메라 등을 챙겼는가? | □ |
| • 소풍 당일 일정표 및 세부 프로그램에 대하여 인지하고 있는가? | □ |
| • 소풍 당일 이동할 차량을 미리 섭외하였는가?<br>(가까운 곳일 경우 유치원 버스를 시간별로 배치하였는가?) | □ |
| • 당일 유아 인원 파악, 환아 점검, 안전벨트 착용 확인, 휴대용 구급함 준비 등을 확인 | □ |
| • 활동을 마친 후 유아 주변을 깨끗이 정리하였는가? | □ |
| • 돌아오기 전 버스에서 각 반별 유아 인원 및 특이사항은 없는지 확인하였는가? | □ |
| • 소풍 당일 안전사고가 없었는가?<br>(사고가 있었다면 조치는 안전사고 조치 절차에 맞게 조치하였는가?) | □ |
| • 유아와 다음날 활동에 대한 평가가 준비되어 있는가? | □ |

## 7) 시장놀이

시장놀이는 유치원 내에 가상의 시장을 구성하고 유아들이 직접 물건을 사고파는 과정을 통해 물건을 구입할 때에는 반드시 비용을 지불해야 한다는 경제개념을 이해하는 행사이다. 소비의 개념을 이해할 수 있는 기회가 되고, 판매자와 소비자 역할을 모두 경험해 보고, 자신에게 필요 없는 물건이 다른 사람에게는 필요한 물건이 된다는 것을 인식하게 되는 기회를 제공한다.

이러한 소풍 및 바자회의 목표 및 내용은 다음과 같다.

〈표 7-13〉 시장놀이 준비사항

| 구분 | 내용 |
|---|---|
| 목표 | • 유아의 협동심과 경제개념을 증진시킨다. |
| 장소 | • 성당 마당, 운동장, 공터, 유치원 강당 등 |
| 시간 | • 유치원 내의 시간으로 진행 |
| 대상 | • 유아 부모 |
| 물품 | • 다양한 바자회 물품, 간판, 돈, 교구장 등 |
| 역할 분담 | • 각 가게별로 교사 배치 |
| 행사 대체 | • 비가 올 경우 유치원에서 활동 진행 |

### (1) 시장놀이 계획 및 준비

① 유아와 함께 시장놀이를 위한 계획 및 준비를 진행한다.

② 시장놀이 물품 준비를 위해 각 가정의 필요하지 않은 물품을 받아 모은다.

③ 시장놀이의 가판대 안내문 및 현수막 등은 유아들이 직접 제작한다.

④ 시장에서 판매하는 물건에 대한 가격을 책정한다.

⑤ 시장놀이용 화폐 준비 및 화폐 단위를 알아본다.

⑥ 가정통신문을 통해 시장놀이 세부 일정을 상세하게 안내한다.

### (2) 시장놀이의 진행

① 당일 유아가 준비한 현수막, 가판대 안내문 등을 유아들과 함께 설치한다.

② 판매자 그룹과 소비자 그룹으로 나누어 진행한다.

③ 유아들이 다양한 물건에 대하여 관심을 가지고 구매하는 경험을 하도록 한다.

④ 물건이 소진되면 시장놀이를 종료하고 주변을 정리한다.

### (3) 시장놀이 평가

① 시장놀이는 유아의 흥미와 관심을 자극할 수 있었는가?

② 시장놀이 준비 과정에서 가정과의 협조는 원활하였는가?

③ 시장놀이의 진행 시간은 적절하였는가?

④ 시장놀이를 통해 유아들에게 경제개념을 제공할 수 있었는가?

시장놀이에 대한 준비 내용은 다음과 같다.

〈표 7-14〉 시장놀이 체크리스트

| 내 용 | 확 인 |
|---|---|
| • 시장놀이와 연계할 수 있는 활동을 진행하였는가? | □ |
| • 가정통신문을 통해 시장놀이에 대한 일정을 안내하였는가? | □ |
| • 시장놀이에 필요한 물품을 준비하였는가? | □ |
| • 유아가 만든 간판, 물품 가격이 모두 준비되어 있는가? | □ |
| • 시장놀이 일정에 대해 인지하고 있는가? | □ |
| • 판매자와 소비자의 개념에 대하여 유아가 인지하고 있는가? | □ |
| • 유아가 돈에 대한 개념을 알고 있는가? | □ |
| • 시장놀이를 마친 후 주변을 깨끗이 정리하였는가? | □ |
| • 유아와 다음날 활동에 대한 평가가 준비되어 있는가? | □ |

## 8) 운동회

운동회는 유아와 학부모가 함께하는 큰 행사이다. 운동회는 또래 유아뿐 아니라 가족이 함께하는 경기를 통해 유아의 신체발달을 촉진하고, 협동심을 배양한다는 점에서 교육적 가치가 큰 행사이다. 이러한 운동회는 일반적으로 유치원 근처 큰 공원이나 운동장을 빌려 진행하며, 가족이 함께 참여하기 위하여 주말이나 휴일을 이용하여 진행한다.

이러한 운동회의 목표 및 내용은 다음과 같다.

〈표 7-15〉 운동회 준비사항

| 구 분 | 내 용 |
| --- | --- |
| 목표 | • 유아와 가족구성원이 함께 몸과 마음을 건강하게 하고자 한다. |
| 장소 | • 유치원 근처 운동장, 공원 등 |
| 시간 | • 주말이나 휴일 10:00~15:00 |
| 대상 | • 유아, 가족 |
| 물품 | • 만국기, 운동회 포스터, 음향장비, 책상(선물, 물품 놓을 것), 세부 프로그램 준비물, 줄다리기용 줄, 트랙 만드는 밀가루 등 |
| 역할 분담 | • 사회자, 각 반별 인솔 등 |
| 행사 대체 | • 비가 올 경우 유치원에서 활동 진행 및 연기 |

### (1) 운동회 계획 및 준비

① 운동회 일정 및 장소를 선정한다.

② 가정통신문을 통해 참여 인원을 파악한다.

③ 운동회 세부 프로그램을 유아와 함께 계획한다(초대장 만들기, 운동회 포스터 만들기, 게임 준비 등).

④ 행사에 필요한 물품 및 선물 수량을 참여 인원에 따라 준비한다.

### (2) 운동회의 실행

① 만국기, 음향장비 등의 설치, 운동회 프로그램에 따른 물품을 확인하고 각 자리에 배치한다.

② 운동회 선수 입장을 통해 팀을 가르고 개회사를 통해 운동회의 시작을 알린다.

③ 조부모, 부모, 유아의 다양한 게임을 진행한다.

④ 두 팀의 전체 점수를 발표하고 그에 따른 시상을 진행한다.

⑤ 운동회가 종료되면 대관한 시설의 주변을 정리한다.

### (3) 운동회 평가

① 운동회는 유아와 가족의 흥미와 관심을 자극할 수 있었는가?

② 운동회 진행과정에서 교사 간 협조는 원활하였는가?

③ 운동회 진행 시간은 적절하였는가?

④ 운동회를 마친 후 정리정돈은 잘 되었는가?

운동회에 대한 준비 내용은 다음과 같다.

〈표 7-16〉 운동회 체크리스트

| 내 용 | 확 인 |
|---|---|
| • 기상상황을 고려하여 계획하였는가? | ☐ |
| • 가정통신문을 통해 일정을 안내하였는가? | ☐ |
| • 담임교사는 운동회에서 유아가 경험할 내용에 대한 수업을 진행하였는가? | ☐ |
| • 운동회에 필요한 만국기, 마이크 등을 준비하였는가? | ☐ |
| • 운동회 당일 일정표 및 세부 프로그램에 대하여 인지하고 있는가? | ☐ |
| • 운동회 당일 안전사고가 없었는가?<br>(사고가 있었다면 조치는 안전사고 조치 절차에 맞게 조치하였는가?) | ☐ |
| • 활동을 마친 후 유아 주변을 깨끗이 정리하였는가? | ☐ |
| • 운동회 다음날 운동회에 대한 유아와의 연계활동이 준비되어 있는가? | ☐ |
| • 가족이 운동회에 대한 평가를 진행할 수 있도록 준비하였는가? | ☐ |

## 9) 전시회

유치원에 따라 주제중심, 놀이중심, 프로젝트 중심 등 다양한 프로그램을 진행한다. 특히 프로젝트 중심 교육을 하는 유치원일 경우 주제가 마무리될 때 프로젝트에 대한 전시회를 진행한다. 전시물에는 프로젝트 진행과정을 담은 사진이나 현장 답사 시 찍은 동영상, 녹음, 유아의 그림, 진흙 작품이나 구조물 또는 프로젝트 진행과정, 아동과의 대화 내용을 기록한 것을 전시하기도 한다. 공개행사를 통해 유아가 성취한 작품에 대해 이야기해 주거나 보여 줌으로써 다른 사람들과 그 결과를 상호 공유할 수 있다. 마무리 행사는 유아로 하여금 부모와 다른반 친구들을 초대하여 자신이 했던 활동의 중요한 부분에 관한 이야기를 나누도록 함으로써 유아가 성취한 학습에 대해 이해할 수 있다. 부모는 유아가 만든 작품들을 봄으로써 유아를 직접 격려할 수 있고, 어떤 과정을 통해 프로젝트가 전개되고 마무리되었는지를 확인할 수 있다.

이러한 전시회의 목표 및 내용은 다음과 같다.

〈표 7-17〉 전시회 준비사항

| 구분 | 내용 |
|---|---|
| 목표 | • 유아가 활동한 결과물 공유 |
| 장소 | • 유치원 교실 및 강당 |

| 구분 | 내용 |
|---|---|
| 시간 | • 주중 오전, 오후 |
| 대상 | • 유아, 가족 |
| 물품 | • 유아가 했던 작품, 이젤 등 |
| 역할 분담 | • 환경 구성 / 일정에 따른 진행 / 사진 촬영 / 현관 / 인솔교사 |
| 행사 대체 | • 비가 올 경우(우산꽂이)<br>• 외부 전시가 있었다면 내부 배치 |

### (1) 전시회 계획 및 준비

① 전시회 일정 및 장소를 선정한다.

② 가정통신문을 통해 참여 인원을 파악한다.

③ 전시회에 전시할 작품을 유아와 함께 선택한다.

④ 전시회에 필요한 설명 및 환경을 교사가 꾸민다.

### (2) 전시회의 실행

① 전시회에 참여한 부모를 전시회장으로 안내한다.

② 유아가 다양한 작품 및 활동한 것에 대해 부모에게 설명한다.

③ 친구들과 함께 만든 협동작품, 친구들의 작품, 유아의 작품 등을 감상한다.

④ 유아의 활동에 대해 부모가 많이 칭찬하도록 격려한다.

### (3) 전시회 평가

① 전시회는 유아와 가족의 흥미와 관심을 자극할 수 있었는가?

② 전시회 진행과정에서 유아가 부모에게 설명하는 과정이 원활하였는가?

③ 부모와 유아가 작품을 감상하는 데 있어 교사가 적절하게 상호작용하였는가?

④ 전시회를 마친 후 정리정돈은 잘 하였는가?

전시회에 대한 준비 내용은 다음과 같다.

〈표 7-18〉 전시회 체크리스트

| 내용 | 확인 |
|---|---|
| • 가정통신문을 통해 일정을 안내하였는가? | ☐ |
| • 가정통신문을 통해 전시회에 대한 전반적인 주제 안내를 하였는가? | ☐ |
| • 유아가 전시회에 대하여 부모에게 설명을 할 준비가 되었는가? | ☐ |
| • 전시회에 대한 내용을 유아와 함께 준비하였는가? | ☐ |
| • 전시회의 동선에 맞추어 활동을 제시하였는가? | ☐ |
| • 전시회에 대한 내용 및 작품 설명이 각 작품 옆에 소개되었는가? | ☐ |
| • 가족이 전시회에 대한 평가를 진행할 수 있도록 준비하였는가? | ☐ |

## 10) 졸업식 및 수료식

유치원의 졸업식은 만 5세 원아가 유치원의 전 과정을 모두 마칠 때 실행하는 행사이며, 수료식은 만 3세, 만 4세 원아가 1년의 과정을 마쳤을 때 실시되는 행사이다. 수료식은 학부모는 참석하지 않고 각 반별로 진행되며, 졸업식의 경우 학부모가 참석하여 졸업을 축하해 주는 것으로 진행된다. 또한 졸업식 및 수료식은 유아가 그동안의 유치원 생활을 회상하며 선생님과 또래 친구들에게 감사의 마음을 가질 수 있는 기회를 제공하기 때문에 유치원에서는 매우 중요한 행사라고 할 수 있다. 이러한 졸업식 및 수료식의 목표 및 내용은 다음과 같다.

〈표 7-19〉 졸업식 준비사항

| 구분 | 내용 |
|---|---|
| 목표 | • 유치원 졸업에 대한 자부심을 느끼고 형님이 되었다는 것에 대해 인식한다. |
| 장소 | • 유치원 강당 |
| 시간 | • 주중 10~11시 |
| 대상 | • 유아, 가족 |
| 물품 | • 학사복, 졸업장, 상장, 마이크, 빔프로젝터 등 |
| 역할 분담 | • 사회자, 진행자, 송사, 답사 진행할 유아 |
| 행사 대체 | • 비가 올 경우(우산꽂이) |

### (1) 졸업식 및 수료식의 준비 및 계획

① 「유아교육법」에서 정한 수업일수를 점검하여 졸업식 및 수료식 날짜를 결정한다.

② 졸업식 장소는 강당이나 교실에서 진행한다.

③ 현수막, 학사복, 음향, 빔프로젝터, 노트북, 카메라, 졸업 및 수료증서, 선물 등을 준비한다.

④ 학부모 참석 여부에 따라 자리를 배치하고, 유아들의 자리는 이름표를 부착한다.

⑤ 학부모 초내장 및 식순을 제작하여 졸업식에 참여한 학부모에게 제공한다.

⑥ 졸업 및 수료증서를 제작한다.

### (2) 졸업식 및 수료식의 진행

① 현수막, 책상 배열, 사회대, 음향, 빔프로젝터, 노트북, 선물을 강당에 준비한다.

② 교사의 배치에 따라 교사는 현관 및 강당에서 학부모를 웃으며 맞이한다.

③ 식순에 따른 행사를 진행한다.

④ 가족 및 또래 친구와 사진 촬영 후 학사복을 반납한다.

### (3) 졸업 및 수료식 행사의 평가

① 유치원의 즐거웠던 추억을 되새길 수 있는 시간이었는가?

② 유아가 졸업장과 선물을 받는 데 있어 동선이 적절하였는가?

③ 교사 간의 의사소통이 잘 이루어졌는가?

〈표 7-20〉 졸업식 체크리스트

| 내 용 | 확 인 |
|---|---|
| • 졸업식과 종업식에 대하여 학부모에게 공지하였는가? | ☐ |
| • 졸업식에 대한 식순이 준비되어 있는가? | ☐ |
| • 강당의 의자를 인원에 맞게 준비하였는가? | ☐ |
| • 졸업식 장소는 깨끗하고 밝은 분위기인가? | ☐ |
| • 유아가 졸업식 준비를 위한 동선을 연습하였는가? | ☐ |
| • 기록을 위한 자료(국기, 카메라 등)는 준비되어 있는가? | ☐ |
| • 교직원 각자의 역할 및 내용을 인지하고 있는가? | ☐ |
| • 교직원의 복장은 졸업식에 적합한가? | ☐ |

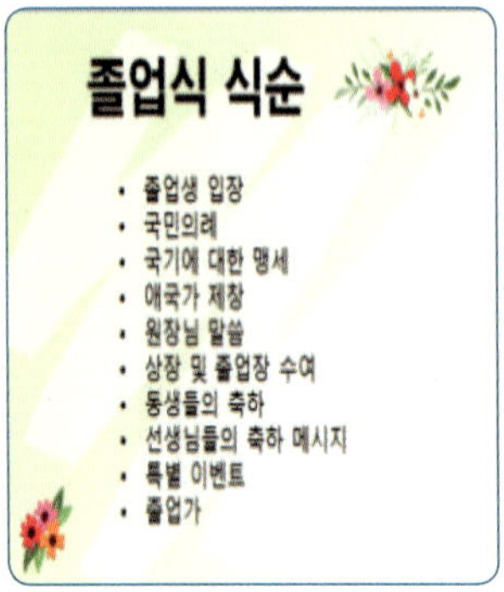


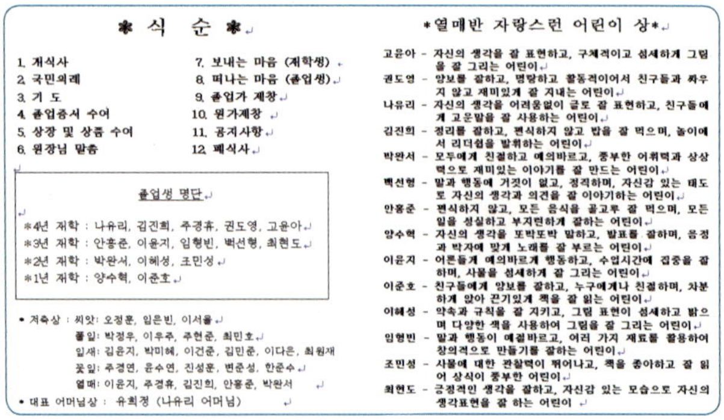

✽ 식 순 ✽

1. 개식사
2. 국민의례
3. 기 도
4. 졸업증서 수여
5. 상장 및 상품 수여
6. 원장님 말씀
7. 보내는 마음 (재학생)
8. 떠나는 마음 (졸업생)
9. 졸업가 제창
10. 원가제창
11. 공지사항
12. 폐식사

졸업생 명단

*4년 재학 : 나유리, 김진희, 주경휴, 권도영, 고윤아
*3년 재학 : 안홍준, 이윤지, 임형빈, 백선형, 최현도
*2년 재학 : 박완서, 이혜성, 조민성
*1년 재학 : 양수혁, 이준호

• 저축상 : 씨앗: 오정훈, 임은빈, 이서율
풀잎: 박정우, 이우주, 주현준, 최민호
잎새: 김윤지, 박미혜, 이건준, 김민준, 이다은, 최원재
꽃잎: 주경연, 윤수연, 진성훈, 변준성, 한준수
열매: 이윤지, 주경휴, 김진희, 안홍준, 박완서
• 대표 어머님상 : 유희정 (나유리 어머님)

*열매반 자랑스런 어린이 상*

고윤아 - 자신의 생각을 잘 표현하고, 구체적이고 섬세하게 그림을 잘 그리는 어린이
권도영 - 양보를 잘하고, 명랑하고 활동적이어서 친구들과 싸우지 않고 재미있게 잘 지내는 어린이
나유리 - 자신의 생각을 어려움없이 글로 잘 표현하고, 친구들에게 고운말을 잘 사용하는 어린이
김진희 - 정리를 잘하고, 편식하지 않고 밥을 잘 먹으며, 놀이에서 리더쉽을 발휘하는 어린이
박완서 - 모두에게 친절하고 예의바르고, 풍부한 어휘력과 상상력으로 재미있는 이야기를 잘 만드는 어린이
백선형 - 말과 행동에 거짓이 없고, 정직하며, 자신감 있는 태도로 자신의 생각과 의견을 잘 이야기하는 어린이
안홍준 - 편식하지 않고, 모든 음식을 골고루 잘 먹으며, 모든 일을 성실하고 부지런하게 잘하는 어린이
양수혁 - 자신의 생각을 또박또박 말하고, 발표를 잘하며, 음정과 박자에 맞게 노래를 잘 부르는 어린이
이윤지 - 어른들게 예의바르게 행동하고, 수업시간에 집중을 잘하며, 사물을 섬세하게 잘 그리는 어린이
이준호 - 친구들에게 양보를 잘하고, 누구에게나 친절하며, 차분하게 앉아 끈기있게 책을 잘 읽는 어린이
이혜성 - 약속과 규칙을 잘 지키고, 그림 표현이 섬세하고 밝으며 다양한 색을 사용하여 그림을 잘 그리는 어린이
임형빈 - 말과 행동이 예절바르고, 여러 가지 재료를 활용하여 창의적으로 만들기를 잘하는 어린이
조민성 - 사물에 대한 관찰력이 뛰어나고, 책을 좋아하고 잘 읽어 상식이 풍부한 어린이
최현도 - 긍정적인 생각을 잘하고, 자신감 있는 모습으로 자신의 생각표현을 잘 하는 어린이

## 토 론

행사를 통해 유아가 경험할 수 있는 것은 무엇일까요?

# 제8장 대인관계

대인관계란 인간과 인간, 또는 인간과 집단과의 관계를 통틀어 이르는 것으로 어느 조직이든 사람과 사람이 모여 집단을 이루는 곳에서는 대인관계가 형성된다. 특히 유치원의 대인관계는 원장과 교사, 교사와 교사, 교사와 유아, 교사와 학부모 등의 관계가 형성될 수 있다. 개정 누리과정은 유아, 교사, 학부모, 원장(원감)과의 새로운 관계를 요구한다. 유아교육기관과 지역사회의 모든 구성원이 놀이의 가치 및 교사와 유아의 역량에 대한 공통적 이해와 신뢰가 형성되면 유아를 중심으로 하는 놀이 교육과정 운영의 필요한 구성원이 협력적 관계를 맺을 수 있게 된다. 또한 교사의 원만한 유치원 생활을 위해서는 이러한 관계가 신뢰로워야 한다.

**관련자료 : 세바시** https://youtu.be/tsZGTOWKk1c

<생각해 보기>

교사로서 유아와의 관계 형성은 어떻게 하는 것이 좋을지에 대해 생각해 보세요.

**〈평가지표〉** Ⅰ-3. 교원의 전문성 신장 지원
Ⅱ-1. 우리 유치원의 비전 공유
Ⅱ-2. 참여와 소통의 교육 자치
Ⅱ-3. 협력공동체 형성

# 1. 원장과 원감

## 1) 원장(원감)과 교사와의 관계

지금까지 원장의 리더십은 원장의 열정과 능력에서 나오며, 이를 보고 교사는 원장의 능력에 존경심을 갖는다고 생각해 왔다. 그러나 교사는 실제 원장의 능력보다는 원장이 교사를 믿고 교사가 하고자 하는 교육 활동에 대해 함께 지원해 줄 때 원장과의 관계가 원만해진다고 생각하는 사례가 많다. 따라서 첫째, 원장은 정직하게 유치원을 경영함으로써 교사가 원장을 신뢰할 수 있도록 하는 것이 필요하다. 둘째, 원장(원감)은 교사들에게 유치원에서 이루어지는 다양한 업무에 대해 사전에 회의를 통해 협의하고 그에 대한 질문과 답을 통해 원장의 교육관을 교사와 공유함으로써 유치원이 나아가야 할 방향을 함께 만들어갈 수 있다. 셋째, 원장(원감)은 지속적으로 교사의 업무 수행을 격려하고 업무 수행에 필요한 자원을 제공하는 것이 필요하다. 원장(원감)의 지속적인 격려는 교사의 교수과정에 영향을 미친다. 넷째, 교사는 원장(원감)의 행동에 의해 많은 영향을 받으므로 교사의 잘못이 있을 경우 업무에 대한 명확한 기준점을 제시하는 것이 좋으며, 교사들의 능력 개발에 관심을 가지고 지원함으로써 교사가 스스로 존중받고 있다는 느낌을 가지고 교육을 할 수 있도록 하는 것이 필요하다. 교사는 개인의 능력, 교육 경력 등 다양한 요인에 따라 서로 다른 속도로 성장한다. 따라서 원장(원감)은 교사를 지원하고 협력하는 조력자로서의 역할을 수행하며 협력적인 역할을 함으로써 원장과 교사의 관계를 증진시킬 수 있다.

## 2) 협력공동체로서의 목적 및 목표 공유

놀이중심 교육과정에서는 원장(원감)과 교사 간의 관계도 협력적이면서 지원적 관계로 정립될 필요가 있다. 유아 · 놀이중심 교육과정 운영을 위해 원장은 유치원의 비전을 공유하고 교사와 유치원의 교육 목적 및 목표를 함께 수립하며 유아교육에 반영하도록 한다. 원장과 원감, 주임교사와 교사가 함께 수립한 교육 목적 및 목표를 이루기 위하여 원장은 교사에게 교육과정 운영에 관한 자율권을 부여하고 지원해야 한다. 수직적 관계 속에서 하향식으로 전달된 교육 비전이 실제 유아의 놀이에서 지속적으로 발현되기란 쉽지 않다. 따라서 원장이 교육 목표를 수립하고 제시하는 기존의 방식에서 벗어나, 의사결정 과정에 교사들이 자발적으로 참여하여 합의된 교육적 가치와 비전이 실현될 수 있도록 지원하는 원장의 포용적 리더십이 필요하다. 또한 원장(원감)은 유아의 놀이시간과 교사의 관찰 및 기록시간을 확보해 주어야 한다. 놀이를 중심으로 한 교육과정이 그 본질에 맞게 운영되기 위해서는 교사가 유아의 놀이를 충분히 집중하여 관찰하고 기록할 수 있어야 유아가 원하는 놀이를 지속적으로 지원할 수 있다.

## 2. 교사

### 1) 교사와 교사와의 관계

유치원에서 여러 교사들과 원만한 관계를 유지하고 서로 협력하는 것은 교사로서의 역할을 수행하는 데 있어 중요한 요인이다. 이를 위해서는 좋은 동료 교사를 만나는 것보다 좋은 동료 교사가 되어 주는 것이 우선되어야 한다.

첫째, 자신 스스로에 대해 아는 것이 필요하다. 자신의 성향과 일처리 하는 방식 등에 대해 인지하고 다른 사람과 나의 성향을 구분하고 보완할 수 있는 점을 찾음으로써 서로 협력할 수 있다. 또한 유치원에서 동료들과 함께 일을 할 때 자신이 먼저 도움이 될 수 있는 부분을 생각해 보는 자세를 가짐으로써 서로 도움이 될 수 있는 관계를 형성하도록 한다.

둘째, 동료 교사들이 학급별로 차별적 교육과정을 운영하는 것에 대해 거부감이나 경쟁심을 가지기보다, 교사 간의 협력적이고 지원적 관계를 통해 서로의 활동에 대한 격려와 정서적 지원, 배움을 나누는 협력적 학습공동체의 구성원이 될 수 있어야 한다. 즉, 동료 교사를 자신의 전문성 신장에 도움이 되는 존재로 여기며 서로 도움이 될 수 있는 관계를 형성함으로써 새로운 정보나 지식을 공유하고, 교실 내에서 일어나는 다양한 문제에 대한 고민을 함께 나눔으로써 효과적으로 해결할 수 있는 관계를 형성하도록 한다.

셋째, 공과 사를 구분함으로써, 사적으로 친한 관계일지라도 유치원에서 일어나는 복잡한 업무에 사적인 감정을 개입시키지 않는 것이 필요하다.

넷째, 교사의 원리와 의무가 있음을 기억하고, 공동체 의식 함양을 통한 긍정적 인간관계를 형성하고자 노력하는 것이 필요하다. 교사의 의무인 교사로서의 자질, 성실성, 업무수행능력 등은 교사 간의 관계를 넘어 직무에 필수요소이므로 유념하도록 한다. 교육과정을 운영하면서 느끼는 고민과 어려움, 유용한 정보 및 다양한 시각을 공유하고 논의하는 과정에서 동료 교사는 모두 성장할 수 있다. 또한 유치원에서 협의되어 결정된 사항에 대하여 공동의 의무를 혼자 준수하지 않는다면 원만한 대인관계를 이루기 어렵다. 자꾸 규율에 어긋난 행동을 한다면 다른 교사들의 불만을 살 수 있다.

다섯째, 서로 존중하는 마음으로 긍정적인 관계 형성을 위해 동료들과 친밀감을 갖도록 한다.

### 2) 협력공동체로서의 교육과정 실현

교사는 유아와 가장 가까이에서 그들의 배움을 지원할 수 있는 교육과정의 주체이자 유아들과 함께 배우고 성장하는 존재이다. 교사가 개정 누리과정을 실행하면서 경험하는 고민에 대해 교사들과 함께 해결방안을 모색할 수 있다. 이러한 협력공동체로서의 지원은 정기적으로 혹은 구성원의 필요에 따라 시간을 탄력적으로 이용한 회의 형태, 개별조언 등을 통해 이루어질 수 있다. 유아 · 놀이중심을 강조하는 개정 누리과정에서는 유아의 놀이를 읽어내고 지원할 수 있는 교사의 역할이 중요해진 만큼 교사의 전문성 신장을 지원하는 협력적 조직문화 조성이 필요하다. 이를 위해 교사는 지역 다른 유치원의 교사나, 유치원 내의 교사들과 학습공동체를 구성하여 운영할 수 있다. 학습공동체는 교사들이 함께 교육과정에 대해 연구하고 실천하기 위한 것으로, 교사 자신의 전문성 신장과 더불어 공동체가 함께 성장하며 교육 실행력을 제고하기 위한 것이다. 이러한 학습공동체로서의 교사 모임은 형식적 운영에 그치지 않기 위해서 교사들이 자유롭게 주제를 선정하고 의견을 나눌 수 있는 수용적 분위기와 자율성이 부여되어야 한다.

### 3) 교사 역량 증진

자신이나 유아에 대해 긍정적으로 인식하고 유아와 함께 목표를 설정하며 유아와의 적극적인 협력을 통한 의사결정을 하는 교사일수록 교사 효능감이 높은 것으로 나타난다. 이러한 교사 효능감은 교사가 학생의 수행에 영향을 미칠 수 있는 능력을 갖고 있다고 믿는 정도를 의미하는 것으로, 교사 역량 증진과 연결되어 있다. 이러한 측면에서 유치원 교사는 다양한 연수나 협력공동체를 통해 성장하는 교사가 될 수 있다. 이 연수의 목적은 필요한 지식과 기술의 습득을 통한 교원의 자질 향상과 교직의 전문성 신장에 있다. 이를 통해 교사는 새로운 지식을 습득할 수 있고, 교사로서의 교양을 넓힐 수 있으며, 효과적인 교육을 위한 접근방법을 개발할 수 있다. 또한 새로운 시스템 사용과 같은 새로운 업무에 대한 준비가 가능하다.

### (1) 직무연수

직무수행과 직장 적응에 필요한 능력과 자질 배양을 위한 연수로, 유아교사를 위한 직무연수는 각 시, 도 지역의 교육청 및 교원연수 단위로 실시되고 있으며, 연수 대상자는 관할교육감 또는 국립의 학교장이 지명하거나 교육감이 연수과정별로 필요하다고 인정하는 경우 교육장 또는 공립 · 사립학교의 장으로 하여금 연수 대상자를 지명하게 할 수 있다.

### (2) 자격연수

상급자격을 취득하기 위하여 받는 연수로, 연수시간이 180시간 이상인 프로그램 2급정교사과정, 1급정교사과정, 교감 · 원감과정의 연수 대상자는 그 연수과정에 해당하는 교원 자격에 있어 「유아교육법」에 의한 교육경력이 있는 자 중에서 관할 교육장 또는 학교의 장의 추천을 받아 관할교육감이 지명한다.

### (3) 자율연수

교육의 이론 및 방법들에 관한 일반적인 교양을 높이기 위한 연수로, 교육이론 및 방법, 일반교양에 관한 폭넓은 지식을 쌓고 새로운 정보 및 기술 습득을 목적으로 운영한다.

### (4) 장학

시 · 도 교육위원회, 교육지원청 등에서 장학사를 유치원에 파견하여 교사들의 수업장면을 참관하고 토의회를 가짐으로써 교사를 위한 지도와 조언을 해주는 것으로, 영유아교육기관의 교육의 질 향상에 목적을 둔다. 장학은 「유아교육법」 제18조제2항 '교육감은 유아교육을 충실히 하기 위하여 유치원 교육과정 운영에 대한 장학지도를 할 수 있다.'라는 규정에 따라 우리나라에 유치원에서 교육지원청과 연계하여 교사들의 수업능력 향상을 위해 원장, 원감이나 외부 장학요원이 주도하는 체계적인 지도, 조언의 과정으로, 지구별 자율장학, 수업 개선 연구 등의 다양한 형태로 이루어지고 있다.

### (5) 협력공동체

교사의 필요에 따라 자신이 관심 있는 분야에 대하여 공동체를 구성하여 주기적으로 만남을 가지는 방법이다. 교사들끼리 자의에 의해 적극적이며 정기적으로 토의 모임을 갖거나 자문을 구하는 것으로, 교사들이 일주일에 한 번, 한 달에 한 번 정도 모여 특정 주제에 대해 토론하고 이와 관련된 자신의 경험에 대해 이야기를 나눔으로써 서로의 필요를 충족시킬 수 있다. 이러한 협력공동체는 실제 현장에서 교사의 직접적인 경험을 근거로 하여 이루어지므로 교사들에게 보다 직접적인 도움이 될 수 있다.

# 3. 부모

교사와 학부모가 만나 유아에 대한 정보를 주고받음으로써 학부모와 신뢰감을 형성함으로 유아의 건강한 발달에 긍정적인 영향을 미치게 된다. 이러한 부모와의 상호작용은 다양한 형태로 이루어지는데, 특히 부모상담은 교사와 부모의 가장 적극적인 의사소통으로 유아의 성장에 관한 교사와 가족 구성원들의 지원과 관심을 공유하기 위한 것이다. 유치원에서 이루어지는 부모교육은 가정통신문을 보내거나 대집단 강의, 면담, 참관, 또는 참여수업, 행사 초대 등으로 많이 이루어졌다. 그러나 최근 들어서는 어플리케이션을 활용한 교육과정 소개와 정보교환 및 소통이 활발하게 이루어지고 있다.

## 1) 부모와 교사와의 관계

부모와 교사 사이에는 유아가 있고, 부모와 교사는 모두 유아의 성장과 발달 도모라는 공통된 목적을 지니고 있다. 부모와 교사는 상호 신뢰를 바탕으로 하는 바람직한 관계를 형성함으로써 유아의 긍정적인 성장과 발달을 꾀할 수 있다. 유아기는 부모가 대부분의 의사결정을 하기 때문에 부모와의 정보 교류나 신뢰 형성은 매우 중요하다. 이를 위하여 교사는 부모로 하여금 신뢰감을 갖게 하고, 부모가 유치원에 방문했을 때 환영받고 있다는 느낌을 갖고 따뜻한 인상을 느낄 수 있도록 배려해야 한다.

개정 누리과정의 유아 · 놀이중심 철학의 실현은 기관과 학부모가 놀이에 대한 교육적 관점을 공유하는 것에서부터 출발한다. 놀이를 중심으로 한 교육과정에 대한 학부모의 이해를 구하기 위해서는 일반적 내용의 학부모교육보다는 교실에서 일어나는 구체적인 놀이에 초점을 맞춰 학부모 소모임을 진행하는 것이 좋다. 이때 중요한 것은 기관의 교육적 관점을 일방적으로 전달하는 것이 아니라, 학부모가 자신의 자녀를 포함한 유아의 놀이를 이해하고 가정에서의 지원을 위해 놀이참여자로서 어떤 역할을 해야 하는지를 이해할 수 있도록 지원하는 것이다.

### 2) 협력공동체 형성

부모와 교사 사이에는 신뢰와 믿음을 바탕으로 진정한 교육동반자로서의 관계를 유지하는 것이 필요하다. 교사는 교육에 대한 전문가로서 끊임없이 변화와 발전을 도모하며 지속적으로 연구하고 성장하는 모습을 보여줌으로써 부모는 교사를 신뢰하게 된다. 이러한 과정에서 유아의 놀이중심 교육과정이 원활하게 운영되기 위해서는 교사와 부모와의 교육철학에 대한 공유 및 협력적 관계가 더욱 중시된다.

부모가 놀이의 가치를 이해하고, 놀이가 자녀의 전인적 발달을 이끌어 건강하고 자주적이며 창의적이고 더불어 살 줄 아는 인간으로 성장시킨다는 믿음을 가지는 것이 중요하다. 부모가 유치원에서 이루어지는 놀이에 대한 철학을 이해하고 신뢰하게 되면, 가정에서도 지원이 이어질 수 있기 때문에 궁극적으로 유아발달로 이어진다. 이에 교사는 학부모가 놀이에 대해 어떻게 생각하는지에서 시작하여 부모와 소통하고 협력하며 교육과정에 참여할 수 있도록 지원할 필요가 있다. 따라서 교사는 부모와의 신뢰로운 관계를 유지함과 동시에 놀이의 가치 및 놀이중심 교육과정을 학부모에게 지속적으로 안내하여 가정에서도 연계성을 가지고 유아와 상호작용할 수 있도록 하는 것이 필요하다.

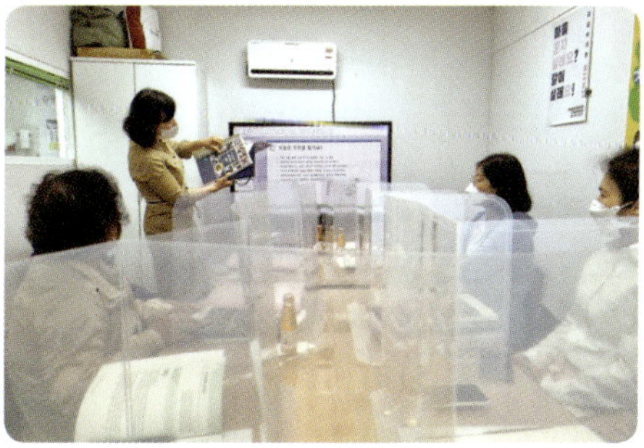

## 3) 부모 연계

### (1) 홈페이지 및 카페를 이용한 자료 공유

유치원 홈페이지에는 인사말이나 교육 목적, 원훈, 교직원 현황, 연혁이 포함되어 있다. 이러한 유치원의 소개와 교육과정 안내, 행사, 공지사항, 각반 게시판 등은 부모로 하여금 유치원에 대한 전반적인 방향성 및 교육과정에 대해 알 수 있도록 한다. 만약 홈페이지가 없는 곳이라면 인터넷 포털사이트에서 제공하는 카페를 활용하기도 한다.

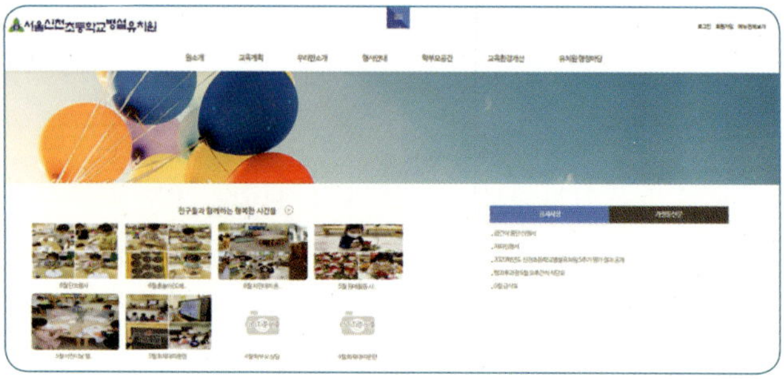

신천초등학교 병설유치원 홈페이지

### (2) 안내책자 및 게시판

유치원의 전경, 교육 목표와 철학, 교육과정, 행사 등을 간결하게 적어 놓은 안내책자를 통해 부모는 유치원에 대한 내용을 전반적으로 살펴볼 수 있다. 또한 유치원의 게시판을 통해 부모는 월별 교육 내용이나 식단표 등의 정보를 알 수 있다.

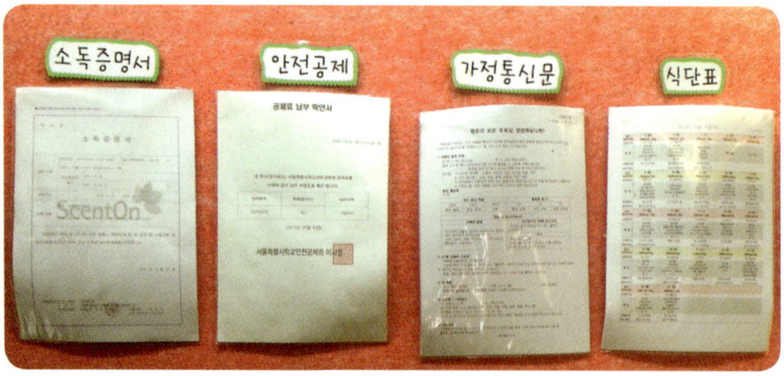

### (3) 가정통신문

유치원의 여러 가지 사항을 알리기 위해 가장 많이 사용하는 방법으로, 1주일에 한 번씩 규칙적으로 가정통신문을 보내는 경우이다. 가정통신문을 통해 유치원에서 이루어지는 전반적인 교육 내용 및 행사에 대한 공지가 이루어진다. 실제 유치원에 따라 차이가 있지만, 가정통신문에는 부모교육 자료가 함께 포함될 경우도 있다.

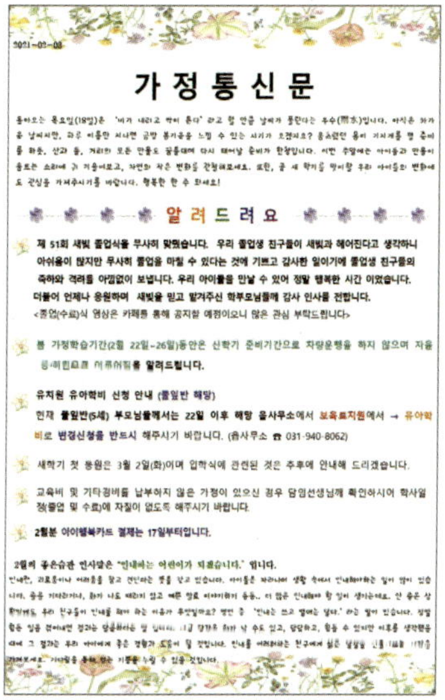

2021-02-08

가 정 통 신 문

알 려 드 려 요

제 51회 새빛 졸업식을 무사히 맞쳤습니다. 우리 졸업생 친구들이 새빛과 헤어진다고 생각하니 아쉬움이 많지만 무사히 졸업을 마칠 수 있다는 것에 기쁘고 감사한 일이기에 졸업생 친구들의 축하와 격려를 아낌없이 보냅니다. 우리 아이들을 만날 수 있어 정말 행복한 시간 이었습니다. 더불어 언제나 응원하며 새빛을 믿고 맡겨주신 학부모님들께 감사 인사를 전합니다.
<졸업(수료)식 영상은 카페를 통해 공지할 예정이오니 많은 관심 부탁드립니다>

유치원 유아학비 신청 안내 (꿀잎반 해당)
현재 꿀잎반(5세) 부모님들께서는 22일 이후 해당 읍사무소에서 보육료지원에서 → 유아학비로 변경신청을 반드시 해주시기 바랍니다. (읍사무소 ☎ 031-940-8062)

새학기 첫 등원은 3월 2일(화)이며 입학식에 관련된 것은 추후에 안내해 드리겠습니다.

교육비 및 기타경비를 납부하지 않은 가정이 있으신 경우 담임선생님께 확인하시어 학사일정(졸업 및 수료)에 차질이 없도록 해주시기 바랍니다.

2월분 아이행복카드 결제는 17일부터입니다.

새빛유치원 가정통신문

### (4) 다양한 상호작용 방법

유아들은 부모와 헤어져 낯선 장소에 남겨지는 과정에서 상당한 스트레스를 받는다. 부모는 자녀의 불안한 모습에서 걱정이나 죄책감을 느낄 수 있기 때문에 교사의 경험이나 연구들을 부모에게 이야기해 줌으로써 부모를 안심시킬 수 있다. 이에 교사는 부모에게 유아가 하루를 어떻게 보냈는지, 또 특이사항들은 없는지를 알려주어야 하며 가정과의 연계가 잘 이루어지도록 도와야 한다. 부모와 교사의 의사소통이 원활하지 못할 때 여러 오해가 생길 수 있고, 궁극적으로 유아들의 적응이 어려워질 수 있다. 부모와의 상호작용은 상황과 여건에 따라 서로 가장 편리한 방법을 선택한다. 유아를 데리러 오는 경우 직접 만나 이야기하는 것이 가장 좋으며, 유아가 차량을 이용할 경우 어플리케이션이나 전화를 활용할 수 있다. 개인적인 사항이 아닌 반 전체의 부모에게 전달할 내용이라면 개별 연락보다 SNS나 게시판을 통해 전체 연락을 취하는 것도 방법이다.

### • 등 · 하원 만남

의사소통의 다양한 방법 중 가장 좋은 것은 직접 만나 대화하는 것이다. 실제 만남은 상대방의 얼굴 표정이나 느낌을 잘 알 수 있기 때문에 서로에 대한 오해의 소지가 줄어든다. 따라서 짧은 시간이지만 유아가 등 · 하원하는 시간을 통해 교사는 유아의 특이사항에 대해 이야기할 수 있으므로 유익한 시간이 될 수 있다. 주의할 점은 유아가 대화를 듣고 있음을 기억하고 유아가 듣지 않기를 원하는 내용이라면 유아가 없는 시간에 따로 대화하는 것이 좋다.

### • 어플리케이션

유치원만의 어플리케이션을 사용하여 부모와 교사가 전체적으로 교육과정이나 식단표와 같은 공지를 볼 수도 있으며, 개인적으로 부모와 교사 간의 상호작용도 이루어질 수 있다. 실제 부모나 교사가 모두 핸드폰을 가지고 있기 때문에 손쉽게 정보를 교환할 수 있으며 상호작용할 수 있다.

### • 전화 통화

유치원에서 부모와 교사가 가장 많이 사용하는 것이 전화 통화이다. 유아가 갑자기 아프거나 다쳤을 때, 그리고 결석했을 때 사용하기도 한다. 그러나 전화 통화는 서로 얼굴을 보고 이야기할 때보다 상대의 감정 상태나 표정을 알 수 없으므로 오해를 일으킬 수 있는 소지가 많다. 따라서 예민한 문제의 경우 전화 통화를 해 시간을 정하고 실제 부모와 교사가 직접 얼굴을 보고 면담하는 것이 좋다.

### • 상담

유치원에서는 일반적으로 부모상담을 학기당 1회씩 진행하는 경우가 많다. 이러한 상담은 교사가 계획하여 부모에게 편지 또는 전화로 상담일, 시간, 장소를 미리 약속한다. 상담은 부모와 교사가 날짜와 시간을 미리 약속하였기 때문에 방해 없이 안정적인 대화가 가능하다. 특히 상담의 일정이 잡혀 있으므로 부모는 교사에게 궁금한 사항을 미리 준비하여 물어볼 수 있으며, 교사도 부모에게 유아에 대한 전반적인 발달 및 생활에 대하여 준비된 이야기를 할 수 있다는 장점을 가진다.

### • 반모임

유치원에 따라 차이가 있을 수 있지만 원장의 재량에 따라 반모임을 하는 경우, 반모임을 하지 않는 경우로 나누어 볼 수 있다. 부모는 반모임을 통해 유아와 마찬가지로 유치원에서의 인간관계를 형성할 수 있다. 반모임에 대한 긍정적인 측면을 살펴보면 자녀와 엄마들이 만나 원에 대해 이해할 수 있는 기회가 되고, 자녀의 또래 친구들과 친해지는 계기가 될 수 있다. 또한 부모 또는 교사들이 유아들과 생활하면서 당면하는 문제에 대해 부모가 함께 모여 문제를 해결할 수 있는 기회도 될 수 있다. 이러한 반모임은 처음에는 유치원에서 주관하지만 다음 모임부터는 부모들이 유치원 외의 장소에서 모임을 갖도록 한다.

## 4. 지역사회와의 연계

시 · 도교육청, 지역교육지원청, 유아교육진흥원, 시 · 도청, 시 · 군 · 구청 등 지역사회 기관에서는 지금까지 교육에 대한 지원보다는 관리의 개념을 가지고 있었다. 그러나 개정 누리과정을 기반으로 한 지역사회 기관에서는 '유아 · 놀이중심 교육과정 운영을 위한 수평적 지원 및 협력체계'로 관계를 재정립하고 그에 부합하는 역할을 수행하고자 한다. 따라서 개정 누리과정으로의 전환과 함께 지역 지원체계는 행정적 · 재정적 절차 개선, 계획 및 평가와 관련한 문서 간소화 및 기관별 자율적 계획 · 평가와 관련한 교육과정 운영을 지원하는 데 역할 수행의 초점을 맞추고 있다. 교육청에서는 학부모교육을 실시해 왔다. 부모교육에 있어 놀이의 중요성을 인식하고 변화할 수 있도록 놀이를 주제로 토론하기, 학부모가 참여하는 워크숍 진행하기, 여러 형태의 학부모 공동체를 구성하여 운영하기 등 다양한 방법의 학부모교육을 계획하여 운영한다. 이 외에 개정 누리과정의 원활한 운영을 지원하기 위해 놀이 실천사례 및 관련 연수 정보를 온라인으로 공유할 수 있도록 함으로써 교사의 누리과정 실행력 향상을 지원하고 있으므로, 교사는 자신이 유아와 함께 활동한 놀이중심 교육과정의 내용을 다른 교사들과 나누고 우수 사례의 확산에 기여할 수 있다.

**토 론**

유치원을 둘러싼 환경은 다양한 지역사회로 형성되어 있습니다. 이러한 지역사회와 연계할 수 있는 활동은 무엇이 있는지 이야기를 나누어 보세요.

# 제9장 환경 구성

유치원은 유아가 다양한 사물 또는 타인과 상호작용하는 곳으로, 유아가 속한 공간에서 안전을 느끼고, 놀이를 통해 배움이 일어나는 곳이다. 유아는 실내와 실외에서 적절히 보호받으면서 편하고 안락한 휴식을 취할 수 있어야 하고, 활발한 상호작용과 정서를 조절할 수 있어야 한다. 유치원에서 환경으로서의 공간은 넓은 의미에서 실내공간과 실외공간 또는 유아가 이용하는 기관 밖의 지역사회 공간까지 포함한다. 좁은 의미에서 실내공간과 실외공간으로 분리할 때, 유아는 실내공간과 실외공간을 이용하는 데 있어 다양한 의미를 가질 수 있다. 교사는 유아가 경험할 실내공간을 어떻게 구성할지, 실외공간을 어떻게 활용할지에 대한 고민을 통해 유아에게 바람직한 환경을 제시할 수 있다. 이 장에서는 환경 구성 및 안전에 대한 내용을 함께 다루고자 한다.

**관련자료 : 효자초등학교병설유치원** https://youtu.be/bBGmpiKnKCM

<생각해 보기>

실내 · 외 안전관리도 교사가 해야 할 실무입니다. 교사는 왜 교육과정 외에 안전관리에 신경 써야 할까요?

**〈평가지표〉** Ⅲ-1. 안전한 시설설비와 쾌적한 공간

# 1. 실내 환경 구성 및 안전

신학기 학급의 원아 수, 연령, 성별의 비율 등을 고려하여 교실 배치가 이루어지면 교사는 실내 환경의 여건에 따라 교실을 꾸미고 영역을 배치한다. 실제 교실 내에 반드시 배치되어야 하는 흥미영역이 정해져 있는 것이 아니므로, 유아의 놀이를 지원할 수 있도록 공간을 융통성 있게 구성한다.

## 1) 실내 환경

### (1) 출입구 및 현관

현관은 출입구로 같은 시간 많은 유아가 사용하므로 충분한 공간이 확보되어야 한다. 유아의 안전사고가 일어나지 않도록 질서를 지키게 한다.

**안전사항**

① 현관문은 서서히 닫히게 하는 장치와 손가락 끼임 방지장치를 설치한다.
② 출입구와 현관은 장애아도 출입이 용이하도록 계단이 없이 경사로를 둔다.
③ 차례를 기다려 신발을 신고 벗도록 항상 주의시킨다.

### (2) 계단 및 복도

유아는 스스로 찾아낸 공간, 우연히 발견한 공간을 더 좋아하고 애착을 갖는다. 계단이나 복도도 유아의 공간이 될 수 있다. 따라서 교사는 교실이나 실외 놀이터 외에 복도, 현관 입구, 교실과 교실 사이의 공유 공간, 계단 밑 등도 안전하다면 유아의 놀이 공간으로 허용할 수 있다.

**안전사항**

① 계단의 기준으로 단 높이는 16㎝ 이하, 난간 높이는 110㎝ 이상으로 한다.
② 계단의 난간 살 간격은 10㎝ 이하로 시공한다.
③ 복도나 계단의 꺾임 공간에 위험한 물건(유리장식장, 복사기 등)을 놓지 않는다.
④ 이동할 때는 줄을 서서 차례차례 이동하도록 지도한다.
⑤ 복도와 계단의 벽에 유아의 작품을 전시할 시 아동이 건드렸을 때 떨어지지 않도록 고정시킨다.

### (3) 교실

유아가 하루에 많은 시간을 생활하는 장소이므로 항상 청결을 유지하도록 한다. 유치원 교실에서 전기를 이용하는 전자제품은 컴퓨터, 빔프로젝터, 실물화상기, TV, 전지피아노, 공기청정기, 에어컨, 선풍기, 칫솔건조기 등으로 콘센트를 설치할 때 유아의 동선을 고려하여 벽쪽으로 배치하도록 하며, 영역 배치에 있어 유아의 통로를 고려하여 배치한다. 유아는 교실에 준비된 여러 흥미영역을 스스로 선택하고 자율적으로 참여하기도 하며 개별 영유아의 독립된 활동과 다양한 형태의 집단 활동이 자연스럽게 일어난다.

**안전사항**

**문/창문**

① 문에 끼임 사고가 발생하지 않도록 안전장치를 설치한다.
② 교실 출입문은 유아가 보일 수 있도록 부분적으로 투명한 창으로 설치한다.
③ 창문 가까이에 유아가 딛고 올라갈 수 있는 의자, 책상을 두지 않는다.
④ 블라인드나 커텐은 유아의 손에 닿지 않도록 짧게 묶어 둔다.

**벽/바닥**

① 유아의 사진이나 작품을 유아의 눈높이에 맞추어 전시하되 떨어지지 않도록 단단히 고정한다.
② 전기선이나 콘센트 등이 영유아의 발에 걸리거나 손에 닿지 않도록 안전하게 처리한다.
③ 교실 바닥 매트는 움직이지 않도록 처리하고 끝이 밀려서 걸려 넘어지지 않도록 한다.

### (4) 화장실

화장실은 올바른 배변습관, 청결 등의 기본생활습관을 습득하는 장소이다. 화장실은 유아가 자주 들르는 곳이므로 교실 가까이에 배치하여 화장실을 오고 가는 동선을 짧게 하는 것이 좋다. 교사는 유아가 넘어질 수 있으므로 화장실 바닥의 물기를 닦아 물기 없이 건조한 상태를 유지하도록 한다. 세면대와 유아용 변기가 유아의 신체발달을 고려하여 설치되어 있는지 확인하고, 어른들이 안을 볼 수 있는 높이로 하여 유아들의 안전을 확보한다.

**안전사항**

① 화장실 문에 손 끼임 방지장치를 설치한다.
② 바닥은 미끄럼 방지 처리를 한다.
③ 세면기와 변기, 거울, 수건걸이 등을 유아의 눈높이에 맞추어 설치한다.
④ 세면기, 변기, 욕조 등의 모서리를 안전하게 처리한다.
⑤ 수도꼭지의 오작동, 온수를 매일 점검한다.
⑥ 화장실 청소를 위한 락스나 세제 등은 유아의 손이 닿지 않는 높이의 선반이나 수납장에 보관하도록 한다.

### (5) 강당

유치원 강당은 전체 유아가 모여서 인형극 공연을 보거나 학부모 교육, 각종 행사를 하는 공간으로 사용된다. 강당의 벽면은 유치원의 역사를 알 수 있는 중요한 행사의 사진이나 작품을 게시하기도 한다. 이러한 강당은 유아의 실내 대근육 활동을 위한 장소로 많이 활용될 수 있으므로 행사 후에는 깨끗하게 정리한 상태를 유지한다.

**안전사항**

① 기둥이나 모서리는 충격을 완화할 수 있도록 안전바를 설치한다.
② 신체활동 시 친구와 부딪히지 않고 충분히 움직일 수 있는 공간을 확보한다.
③ 탈것 놀잇감은 바닥에 정리 표시를 하고 제자리에 정리하도록 한다.
④ 강당이 지하에 위치한 경우 환기와 제습에 유의한다.

### (6) 조리실

점심과 간식을 준비하여 제공하는 주방은 우선 위생적이고 청결해야 한다. 조리실은 채광이 잘 되도록 하고, 기계 환기시설을 하여 청정한 실내 환경을 유지하도록 하며, 창문에는 방충망을 설치하여야 한다.

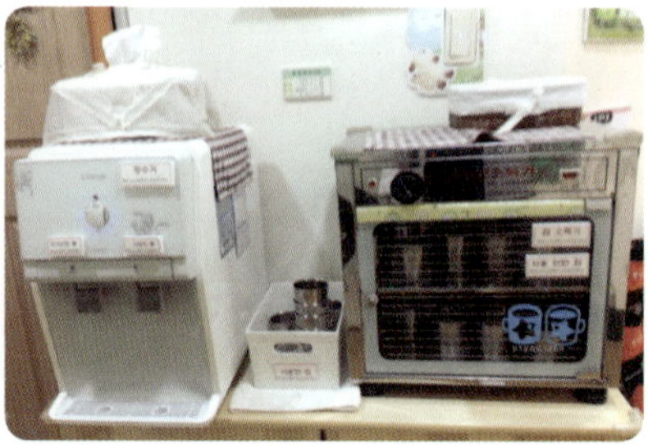

**안전사항**

① 비상용 소화기를 설치한다.
② 정수기의 뜨거운 물에 안전장치 설치한다.
③ 가스레인지는 중간 밸브와 가스 누설 자동 차단장치를 설치한다.
④ 뜨거운 음식은 조리실에서 미리 식혀서 배식할 수 있도록 준비한다.
⑤ 보존식을 의무 보관하여 식중독이 있을 시 원인 규명에 힘쓴다.

### (7) 비상 대피·시설

교육시설의 인가과정과 운영 중에 안전에 대한 조항을 보다 강화하고 있으며, 이에 따라 비상재해대비시설에 관한 사항을 제시하고 있다.

**안전사항**

① 시설이 2층 이상인 경우, 비상시 2방향 대피가 가능하도록 비상계단 또는 대피용 미끄럼대를 영유아용으로 설치한다.

## 2) 교실 환경 구성 원리

교실에 흥미영역이 구성되어 있다고 하더라도 유아의 놀이 성향을 고려하여 적합성을 판단해 보아야 한다. 교사는 유아가 공간에 부여하는 의미를 이해하기 위해 놀이의 전개를 지켜보면서 유아의 놀이를 방해하는 요소가 무엇인지를 관찰하고, 유아의 의견을 반영하여 놀이공간을 구성하고 운영해 나가는 자율성을 가진다.

### (1) 유아의 공간

실내공간은 교사뿐 아니라 유아의 삶이 반영되는 곳이다. 일반적으로 교사는 기관의 교육철학이나 교실의 물리적 구조, 유아의 연령, 흥미 등에 따라 자율성을 가지고 교실 공간을 구성할 수 있다. 따라서 대부분의 유아는 교실의 소유권이 교사에게 있다고 생각하게 된다. 그러나 유아가 함께 생활하는 곳이므로 유아에게 맞추어 구성할 필요가 있다. 이때 유아는 실내공간의 형태와 색채, 크기에 민감하기 때문에, 학기초에는 놀이자료를 구분하기 위해 기본적인 영역을 구분하고 각 영역의 교구장을 적절하게 배치해 보는 것이 좋다. 이를 통해 때로는 유아에게 또래와의 만남이 이루어지도록 함과 동시에 프라이버시가 충족되고, 때로는 또래와 함께 학습과 발달이 지원되도록 교구장과 교구를 배치한다.

### (2) 융통성 있는 공간 배치

실내공간은 다방면으로 이용될 수 있도록 공간의 크기와 모양에 있어 가변성을 가지고 있어야 한다. 한번 정한 영역을 한 학기 내내 고정하지 않고 놀이에 따라 즉각적으로 재배치해 주려는 융통성을 발휘하고, 실내외 전체공간을 놀이를 위해 다양하게 활용하려는 노력이 필요하다. 따라서 교실의 여러 가지 흥미영역은 언제든지 바뀔 수 있고, 필요에 따라 없어지기도 하고 새로 만들어질 수 있다.

#### (3) 놀이에 따른 공간 변화

유아의 놀이에 따라 넓은 공간이 필요하기도 하고 분리된 작은 공간이 필요하기도 하므로, 영역의 크기는 무조건 넓게 하는 것이 아니라 유아의 흥미와 놀이 흐름에 따라 조정하도록 한다. 놀이에 따라 공간을 확장하거나 축소하기도 하고, 구석진 곳이나 조용한 곳에 옮겨 주기도 하고, 놀이가 서로 연결될 수 있도록 가까이에 배치해 줄 수 있다. 이를 통해 유아는 놀이 가운데 하나의 공간을 자신들의 놀이에 적합한 공간으로 새로운 목적을 부여하여 사용하기도 하고, 놀이할 공간을 스스로 찾아 내거나 만들기도 하고, 공간과 공간을 연결하여 새로운 놀이로 확장하기도 한다.

#### (4) 놀이공간 확보

교사가 유아의 놀이를 따라가면서 자연스럽게 유아 스스로 놀이공간을 배치하거나 변경하도록 지원하다 보면 지나치게 많은 놀잇감, 교구장, 책상과 의자로 가득 찬 교실은 정작 유아가 놀이할 수 있는 공간이 충분하지 않은 경우가 많다. 따라서 유아 놀이에 있어 놀이를 방해하는 요소라고 판단되었거나, 유아가 요구하였을 때, 교사는 유아가 관심 없는 교재교구를 제거함으로써 놀이할 수 있는 충분한 공간을 만들어 줄 수 있다.

### 3) 흥미영역 구성

흥미영역은 유아가 이곳에서 관련 지식이나 기술을 습득할 수 있는지를 파악하고, 나아가 흥미영역을 통해 유아의 사고나 경험이 확장될 수 있도록 구성해야 한다. 유아는 스스로 다양한 활동에 참여하여 폭넓은 경험을 할 수 있는 기회를 가지며 자발적이고 적극적인 활동 참여를 가능하게 한다. 따라서 유아가 흥미를 가지고 관심 있어하는 교재교구를 통해 흥미영역 활동을 활발히 할 수 있도록 해야 한다. 특히 자료 및 다른 유아와 상호작용을 충분히 할 수 있고 교사와의 상호작용의 질이 향상될 수 있다. 흥미영역이란 영유아의 활동에 따라 교구장을 활용하여 교실의 공간을 나누고 특성에 따라 자료들을 모아서 영역별로 배치한 것이다. 이때 흥미영역은 특성에 따라서 배치하는데, 프로스트는 실내공간 구성을 건조하고 조용한 영역과 건조하고 시끄러운 영역, 물이 있고 조용한 영역과 물이 있고 시끄러운 영역으로 나누어 흥미영역을 구성하는 것이 바람직하다고 보았다. 즉, 건조하고 조용한 영역에는 언어, 과학, 수놀이, 쓰기, 책 보기, 게임, 조작놀이 등의 소집단 활동, 건조하고 시끄러운 영역에는 대근육 활동과 쌓기, 목공, 역할, 음률놀이 등의 활동, 물이 있고 조용한 영역에는 점토 만들기, 미술, 요리 등의 활동, 물이 있고 시끄러운 영역에는 실외 활동과 모래놀이, 손 씻기, 물을 사용하는 과학활동 등을 배치하는 것이 효율적이다.

### (1) 언어영역

언어영역은 '듣기', '말하기', '읽기', '쓰기' 등의 활동이 이루어지는 곳으로, 이곳에서는 주로 그림책 읽기, CD플레이어를 이용하여 다양한 소리 듣기나 동화, 동시 듣기가 이루어진다. 또한 손인형극 틀을 통해 손인형극을 하거나, 융판용 자료와 융판, 그림동화 등 간단한 매체를 활용하여 말하기 · 듣기의 상호작용이 이루어질 수 있다. 친구에게 편지쓰기 및 우체통을 통해 글쓰기를 통한 상호작용이 이루어질 수도 있다.

언어 활동을 통해 유아는 그림책을 보며 그림책의 그림과 글 속에서 주제, 줄거리, 등장인물들의 생각을 즐기며 상상하기도 하고, 글자나 말과 글의 관계나 책에 관심을 가지게 된다. 또한 또래와 서로 듣고 말하는 재미와 능력을 키워 가며, 바르게 이해하는 능력과 태도를 기를 수 있다. 간단한 매체를 이용하여 동극을 해 보며 자신이 이야기하는 대상이 누구인지, 무엇을 이야기할 것인지 등을 고려하여,

적절한 어휘와 문장을 사용하여 정확한 발음과 알맞은 크기의 목소리로 말할 수 있는 능력을 증진할 수 있다.

언어영역은 정적인 활동이므로 차분하고 아늑한 분위기를 위해 소파를 준비해 주고, 천장을 천으로 장식하여 만들어 주는 것이 필요하다. 교재교구로는 말하기 · 듣기자료, 읽기자료, 인형극자료, 쓰기자료 등이 있다.

〈표 9-1〉 언어영역 교재교구

| 구분 | 내용 | 수량 |
|---|---|---|
| ① 듣기자료 | 녹음기, CD플레이어, 헤드폰, 음성 동화책, CD 등 | 급당 1종 |
| ② 말하기자료 | 인형극 틀, 손인형, 마이크, 역할놀이용 머리띠, 동화자료(그림, 막대, 융판, 자석 동화) 등 | 급당 3종 이상 |
|  | 이야기 나누기 및 꾸미기 자료 | 급당 생활주제별 3종 이상 |
| ③ 읽기자료 | 동시판, 그림책, 그림카드, 글자카드 등 | 급당 3종 이상 |
| ④ 쓰기자료 | 색연필, 사인펜, 연필, 지우개, 종이, 화이트보드, 자석판, 마카펜 등 | 급당 3종 이상 |
| ⑤ 도서자료 | 전래동화, 명작동화, 창작동화, 위인동화, 생활주제별 그림책, 생활주제별 동시집, 백과사전 등 | 급당 50권 이상 |
| ⑥ 게임자료 | 게임도구(카드류, 보드류, 퍼즐류) 등 | 급당 3종 이상 |

출처 : 사립유치원 행정업무 길라잡이.

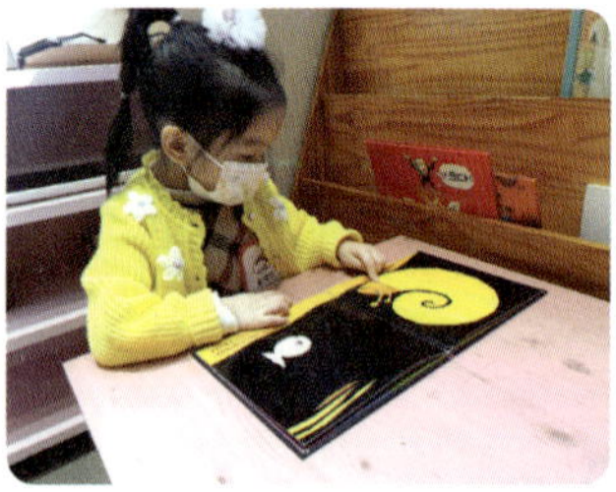

**안전사항**

① 녹음기나 이어폰 등이 작동되는지 확인한다.
② 손인형이 뜯어지거나 지저분하지 않은지 확인한다.
③ 필기도구가 깔끔하게 정리되어 있는지 확인한다.

### (2) 수·조작영역

수 · 조작영역은 사물의 수나 양을 경험하고, 조각 그림 맞추기, 끼우기, 바느질하기 등을 하며 공간 및 도형에 대한 경험을 해 보거나 측정해 보거나 자연스럽게 수나 양, 도형과 공간, 규칙성에 대해 알아갈 수 있는 다양한 보드게임 등을 지원한다. 또한 구체적인 사물을 세고 분류하고 수와 순서 등의 감각을 익히거나 수나 양의 개념을 형성할 수 있도록 조각 그림 맞추기, 고누놀이, 칠교놀이 등을 제시한다. 이러한 경험을 통해 유아는 생활 주변의 문제를 논리, 수학적으로 해결하기 위한 기초능력을 기를 수 있다.

따라서 교재교구를 살펴보면 수 개념 이전 활동으로는 분류, 대응, 순서 짓기, 비교, 규칙 만들기에 해당하는 분류자료, 순서짓기자료, 패턴자료, 바느질자료 등이 있으며, 수 개념 이후 활동으로는 수 세기, 더하기, 빼기에 대한 숫자카드, 보드게임 등이 있다.

〈표 9-2〉 수 · 조작영역 교재교구

| | | |
|---|---|---|
| ① 수활동자료 | 다양한 크기와 모양의 단추, 돌, 도형, 구슬, 종이, 블록, 길이가 다른 막대, 줄, 실 등(짝짓기, 수 세기, 분류, 비교, 부분과 전체, 기초와 통계, 서열을 위한 자료) | 급당 3종 이상 |
| ② 조작활동자료 | 그림 퍼즐, 단추 끼우기, 지퍼 올리기, 끈 끼우기, 리본 묶기, 찍찍이 붙이기, 벨트 채우기, 바느질놀이 도구, 구슬 꿰기 등 | 급당 3종 이상 |
| ③ 게임활동자료 | 각종 카드 게임, 게임판, 주사위, 민속놀이 자료 등 | 급당 3종 이상 |
| ④ 도형자료 | 도형 퍼즐, 도형 카드게임, 도형 구성놀이, 칠교놀이, 다양한 도형류, 입체도형류 등 | 급당 3종 이상 |

출처 : 사립유치원 행정업무 길라잡이.

**안전사항**

① 다양한 크기의 교구를 입에 넣지 않는다.

② 끈이나 구슬 등의 사용법에 대해 알고 사용한다.

### (3) 과학영역

과학영역은 동물과 식물 등의 자연환경, 자연의 원리, 물질의 변화, 물체의 움직임, 간단한 도구와 기계 등에 대해 호기심을 가지고 탐구하는 태도를 기르며 과학에 대한 기초 지식을 얻을 수 있는 영역이다. 과학영역에는 생활 주변에서 흔히 볼 수 있는 자료 중에서 직접 만져보고 관찰하고 실험해 볼 수 있는 자료를 충분히 준비해 줌으로써 생명체와 자연환경을 소중하게 여기는 마음을 기르도록 한다. 이 영역에서는 관찰하기나 조사하기 등에 필요한 돋보기 등의 도구로 관찰하고 조사한 것을 그리거나 과학적 경험을 통해 탐구과정의 즐거움을 맛봄으로써 과학적 사실에 더욱 호기심을 가지고 탐구할 수 있다. 이를 위해 교사는 교재교구로 실제 동물, 여러 식물, 측정도구, 보는 도구, 자석 등 과학적 탐구를 기록할 수 있는 기록용지와 쓰기 도구, 다양한 과학적 기초 지식을 얻을 수 있는 탐구자료 등을 제공할 수 있다.

〈표 9-3〉 과학영역 교재교구

| | | |
|---|---|---|
| ① 실험 및 관찰도구 | 거울(오목, 볼록, 접이식, 삼각거울 등), 자석(막대, 말굽 등), 확대경(돋보기, 루페, 현미경 등), 프리즘, 감각상자 등 | 급당 3종 이상 |
| ② 측정도구 | 길이 측정도구(막대자, 눈금자, 줄자, 신장계 등), 양 측정도구(체중계, 접시저울, 양팔저울, 계량컵, 계량스푼 등), 모래시계, 온도계, 체온계 등 | 급당 3종 이상 |
| ③ 생명체 관련 자료 | 동물, 식물, 식물표본, 곤충표본, 어항, 개미집 등 | 원당 1종 |
| ④ 자연현상 관련 자료 | 흙, 돌, 곡식, 조개껍데기, 돌멩이, 솔방울, 도토리 등 여러 가지 자연물, 지구본, 우리나라 지도, 세계 지도, 기후 관련 사진이나 그림 등 | 원당 1종 |
| ⑤ 기타 | 동물과 식물 관련 그림책, 백과사전류, 다양한 기계류 및 부속품, 관찰기록용지 등 | 급당 1종 이상 |

출처 : 사립유치원 행정업무 길라잡이.

**안전사항**

① 자연물을 주기적으로 관리한다.
② 유아가 입에 넣을 만한 물건이 있는지 확인한다.
③ 저울이나 돋보기 등의 관찰교구가 망가지지 않았는지 확인한다.

### (4) 미술영역

미술영역은 색깔, 크기, 형태, 질감을 탐색하고 아름다움을 찾고 느낌을 창의적으로 표현하는 영역으로, 그리기 같은 평면 작업뿐만 아니라 만들기, 꾸미기 등의 입체 조형을 동한 창의직 표현 활동이 이루어진다. 미술영역은 조형영역이라고도 하며, 조형놀이를 위한 재료의 종류나 양은 유아의 욕구나 발달 수준, 흥미, 자료가 제시되는 시기 등을 고려하여 제시해 주는 것이 필요하다. 특히 미술활동에 사용할 수 있는 다양한 재료와 도구를 비치하여 유아가 좋아하고 원하는 것을 선택할 수 있게 함으로 자신의 생각과 느낌을 표현하며, 상상력과 창의력을 기르게 한다. 또한 활용한 자료와 도구의 특성에도 관심을 가지며 적절한 방법으로 표현할 수 있도록 지원한다.

교사는 모래, 꽃잎, 나뭇잎, 나뭇가지, 솔방울, 도토리 등의 자연물과 양파 껍질, 포도 껍질 등 생활 속의 자료와 색채 표본, 그리기 도구, 각종 모양의 찍기 도구, 점토류, 종이류, 풀, 가위 등을 제공하여 색, 선, 모양과 형태, 공간, 질감 등을 경험하고, 친구의 작품을 감상할 수 있도록 벽면에 전시를 하도록 한다.

〈표 9-4〉 미술영역 교재교구

| | | |
|---|---|---|
| ① 그리기 도구 | 크레파스, 색연필, 사인펜, 유성매직, 종이류, 물감, 붓류(굵기 3종 이상) 등 | 급당 3종 이상 |
| ② 만들기 도구 | 안전가위, 모양가위, 펀치, 스테이플러, 점토, 스펀지, 리본, 잡지, 풀, 테이프, 수수깡, 빨대, 털실, 모루, 재활용품 등 | 급당 3종 이상 |
| ③ 기타 | 작품 건조대, 작품 게시대, 이젤, 작업복, 감상자료, 활동순서도 등 | 급당 3종 이상 |

출처 : 사립유치원 행정업무 길라잡이.

### 안전사항

① 재활용품이 깨끗한 상태인지 확인한다.
② 다양한 필기도구 색칠도구들이 잘 정리되어 있는지 확인한다.
③ 가위나 풀, 접착제 사용 시 안전하게 사용하도록 지도한다.

## (5) 음률영역

음률역역은 소리와 동작을 탐색하고 감상을 통해서 아름다움을 느끼고 노래나 악기, 움직임을 이용하여 표현하는 영역이다. 유아는 음악을 감상하고 노래를 부르며 악기를 탐색하거나 연주하며 소리의 빠르기, 세기, 장단, 높낮이, 리듬, 멜로디에 대해 탐색하고, 그에 따라 생각과 느낌을 표현하고 이를 감상하기도 한다. 교사는 전래동요, 동요, 민요, 국악 등 다양한 음악을 듣고 감상할 수 있도록 CD플레이어나 카세트를 제시하고, 소리 탐색도구, 악기연주 활동자료, 새노래 지도자료 음률활동에 사용할 수 있는 신체표현 도구, 감상활동자료 등을 제시하는 것이 좋다.

〈표 9-5〉 음률영역 교재교구

| | | |
|---|---|---|
| ① 악기 | 리듬악기류(탬버린, 캐스터네츠, 트라이앵글, 방울, 우드블록, 샌드블록, 귀로, 리듬막대, 마라카스, 쉐이커, 큰북, 작은북, 심벌즈 등) | 급당 3종 이상 |
| | 멜로디 악기류(피아노, 전자오르간, 실로폰, 핸드벨, 멜로디언, 우쿨렐레 등) | 급당 1종 |
| | 국악기류(북, 장구, 소고, 꽹과리, 징, 가야금, 피리 등) | 급당 1종 |
| ② 노래 활동 | 그림 악보, 관련 그림, 포스터 등 | 급당 생활주제별 1종 이상 |
| ③ 감상 활동 | 녹음기, CD플레이어, 음악 CD, 헤드폰 등 | 급당 1종 이상 |
| ④ 표현 활동 | 리본막대, 스카프, 한삼 등 | 원당 1종 |
| ⑤ 기타 | 화보, 관련 도서 등 | 원당 1종 |

출처 : 사립유치원 행정업무 길라잡이.

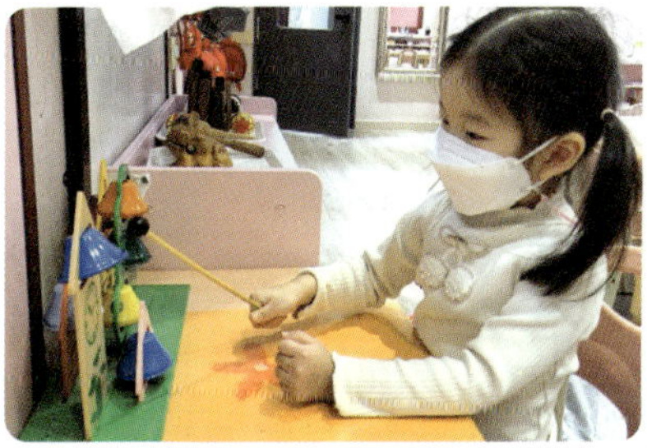

안전사항

① 망가진 악기가 있는지 확인한다.

② 리듬막대 등의 사용법을 알고 사용한다.

### (6) 쌓기영역

쌓기놀이영역은 다양한 종류의 모양, 색, 크기, 형태, 소재 등의 블록을 이용하여 여러 가지 블록을 가지고 공간 및 입체구성놀이가 가능한 영역이다. 유아의 쌓기놀이가 활성화되고 확장되도록 돕기 위해서는 블록의 종류와 수량을 학급의 인원수와 발달 수준에 맞추어 준비해 주어야 한다. 연령이 어릴 경우에는 가볍고 단순한 블록을 이용한 구성놀이가 적합한 블록 등을 제시하고, 연령이 높을 경우에는 정교한 구성놀이를 할 수 있는 자료, 소품 등을 제시해 줌으로써 쌓기 활동을 활성화시킬 수 있다. 특히 쌓기영역 내 레고의 경우 연령에 따라 크기를 달리하여 제공해야 한다. 이러한 쌓기영역은 비교적 동적인 활동이기 때문에 시끄러우므로, 블록이 바닥에 떨어지는 소음을 줄이기 위해 카펫을 깔아 주는 것이 좋다.

〈표 9-6〉 쌓기영역 교재교구

| | | |
|---|---|---|
| ① 블록 | 유니트블록(150조각 이상) | 급당 1종 |
| | 기타 블록(스펀지, 나무, 종이, 헝겊, 플라스틱 블록류 등) | 급당 5종 이상 |
| ② 소품 | 동 · 식물 모형(육지동물, 조류, 바다생물, 곤충, 공룡, 식물 등) | 급당 3종 이상 |
| | 인형(다양한 인종, 직업 · 성을 나타내는 사람 모형), 가면 등 | 급당 3종 이상 |
| | 교통기관 모형(자동차, 비행기, 배, 교통신호 표지판, 지역사회기관 등) | 급당 3종 이상 |
| ③ 기타 | 화보, 관련 도서, 활동카드, 사진 등 | 급당 생활주제별 3종 이상 |

출처 : 사립유치원 행정업무 길라잡이.

### 안전사항

① 블록을 던지지 않도록 주의한다.
② 다양한 소품들이 고장 나지 않았는지 확인한다.
③ 대근육 활동 교구를 휘두르거나 가지고 장난치지 않는다.

### (7) 역할영역

역할영역은 다양한 사람이나 사건에 대해 유아가 보고 경험하거나 생각한 것, 성인들의 직업과 사회적 역할을 투영해 볼 수 있는 영역이다. 역할놀이 소재는 진행되고 있는 교육 주제와 관련하여 엄마 · 아빠놀이, 병원놀이, 문방구놀이, 아이스크림가게놀이, 은행놀이, 우체국놀이, 떡집놀이 등 그때그때 다양하게 변경될 수 있다. 다양한 역할을 경험하기 위해 교사는 여러 가지 직업인의 상징적인 도구나 의상을 제공하고, 그에 관련된 소품 및 필요한 도구를 준비해 준다.

〈표 9-7〉 역할영역 교재교구

| 구분 | 내용 | 기준 |
|---|---|---|
| ① 가구 | 싱크대, 화장대, 소파, 낮은 탁자, 의자, 옷장 등 | 급당 3종 이상 |
| ② 주방용품 | 냉장고, 모형 가스레인지, 믹서, 토스터, 프라이팬, 냄비, 주전자, 쟁반, 국자, 도마, 칼, 컵, 각종 그릇, 수저, 포크, 나이프, 음식 모형 등 | 급당 10종 이상 |
| ③ 소품 | 소꿉놀이(앞치마, 넥타이, 턱받이, 지팡이, 안경, 신발, 가방, 모자, 유모차, 우유병, 인형 등) | 급당 5종 이상 |
| | 병원놀이(의사 가운, 간호사복, 청진기, 모형 주사기, 병원 차트, 체온계, 반사경, 혈압기, 붕대, 약병, 모형 링거병 등) | 급당 5종 이상 |
| | 미용실놀이(거울, 드라이기, 헤어롤, 분무기, 가운, 가발, 머리핀 등) | 급당 5종 이상 |
| | 은행놀이(통장, 모형 돈, 지갑, 계산기, 카드, 인주와 도장 등) | 급당 5종 이상 |
| | 가게놀이(모형 돈, 간판, 지갑, 시장바구니, 핸드백, 메뉴판, 계산기, 전화, 팔 물건 등) | 급당 5종 이상 |
| | 소방서놀이(소방관 의상, 모자, 모형 소화기, 호스, 전화기, 구급차, 메가폰, 사다리, 무전기, 들것 등) | 급당 5종 이상 |
| | 경찰서놀이, 우체국놀이, 주유소놀이, 방송국놀이, 음식점놀이, 결혼식놀이 등을 위한 소품 일체 | 급당 3종 이상 |
| ④ 기타 | 화보, 간판, 관련 도서, 활동카드, 활동사진 등 | 급당 생활주제별 3종 이상 |

출처 : 사립유치원 행정업무 길라잡이.

**안전사항**

① 다양한 소품 중 낡거나 망가진 것이 있는지 확인하고 교체한다.

② 주기적으로 의상을 빨아 깨끗한 상태를 유지한다.

<생각해 보기>

우리반을 상상해 보고 교실 배치도를 그려 보세요.

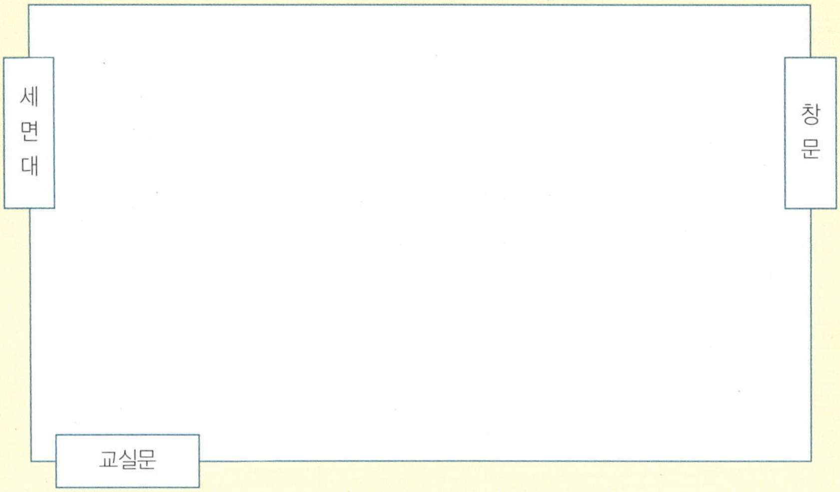


## 2. 실외 환경 구성

실외 환경은 햇볕이 잘 들고 유아가 자유롭게 뛰어놀 수 있는 넓은 장소가 있어야 하며, 양지와 음지가 적절히 배치되어 유아가 놀다가 쉴 수 있는 공간이 함께 있어야 한다. 이러한 측면에서 유아가 실외에서 할 수 있는 활동은 모래놀이, 물놀이, 놀이기구, 텃밭 가꾸기 등이 있으며, 쉬는 공간으로는 그늘 가림막이나 의자를 두어 쉴 수 있도록 지원한다. 특히 안전과 위생이 중요하기 때문에 놀이시설물이나 모래, 동물 사육장은 주기적으로 관리해 주고, 실외놀이 후 유아가 손을 씻을 수 있도록 세면시설이 준비되어야 한다.

### 1) 동물 기르기

동물을 기르고 관찰하는 활동을 위해 교사는 유아에게 물을 주거나 먹이를 주기 위한 순서표를 마련하여 유아가 동물을 기르는 데 참여하고 관찰할 수 있게 해 주는 것이 필요하다. 교사는 유아가 동물에게 먹이나 물을 줄 때 꼭 함께하여 안전사고가 일어나지 않도록 한다.

**안전사항**

① 동물의 먹이 외의 것을 주지 않도록 한다.
② 사육장 문을 열어 놓지 않는다.
③ 사육장을 주기적으로 청소하여 깨끗하게 관리한다.

### 2) 식물 기르기

식물 기르기는 꽃밭, 텃밭, 삽, 물주기 도구, 화분 등이 포함될 수 있다. 유아가 직접 여러 종의 씨를 뿌리고, 물을 주며 손수 채소를 가꿀 수 있는 텃밭을 구성하는 것을 통해 자연에 대한 감사한 마음을 가질 수 있다. 교사는 식물을 기르는 데 있어 잡초가 자라지 않도록 정기적으로 제거하며 관리한다.

**안전사항**

① 식물에 해충이 생기지 않도록 관리한다.

② 도구를 사용 시에는 친구가 다치지 않도록 주의해서 사용하도록 지도한다.

③ 유아가 식물을 지탱하기 위한 지지대에 찔려 다치지 않도록 주의한다.

### 3) 모래놀이

모래영역은 배수가 잘 되며, 햇볕이 잘 드는 양지바른 곳에 위치하는 것이 좋으나, 여름일 경우 파라솔이나 차양 등을 이용해 그늘을 형성해 주는 것이 좋다. 모래놀이는 모래만으로 이루어지거나 때로는 물을 함께 섞어 이루어지며, 실제 모래놀이와 물을 함께 준비해 주면 유아가 선택하여 놀이를 할 수 있다. 이때 물놀이나 모래놀이를 번갈아 가며 여름에는 물놀이, 가을에는 모래놀이를 준비해 주어도 좋다.

**안전사항**

① 모래놀이를 사용하지 않을 때는 반드시 덮어 고양이들의 배설물, 잡초, 개미를 주의한다.
② 주기적으로 살균을 해 주거나 전문업체를 통해 지속적으로 관리한다.
③ 파라솔이나 차양을 설치하여 그늘을 만들어 준다.

### 4) 놀이기구

유치원에 따라 아이들이 마음껏 뛰어놀 수 있도록 회전 미끄럼틀, 구불구불 미끄럼틀, 그네, 흔들말 등의 다양한 놀이기구가 설치된 놀이터가 있거나 종합놀이터가 설치되거나 여러 가지 움직임을 경험할 수 있는 놀이기구가 준비될 수 있다. 교사는 어떠한 놀이기구가 제시되어 있든지 놀이기구의 모서리나 그물망의 그물 등이 유아의 안전을 위협하지는 않는지 항상 확인하도록 한다. 또한 교사는 유아에게 놀이기구에 대한 사용법을 미리 이야기함으로써 유아의 안전사고를 방지할 수 있다.

**안전사항**

① 놀이기구의 볼트, 너트, 못 등이 빠져 있는지 주기적으로 확인한다.
② 놀이기구 계단이나 미끄럼틀에 망가진 곳이 없는지 확인한다.
③ 유아가 떨어질 만한 곳이 있는지 확인하고 안전바를 설치한다.

### 토론

책에 나타나 있는 실내 · 외 환경 외에 교육봉사나 실습을 통해 본 다른 시설의 실내 · 외 환경이 있다면 이야기해 보세요.

# 제10장 건강 및 안전

유아기는 일생의 기초가 형성되는 시기이므로 유아의 경험과 성장발육은 성인기의 행동 특성 및 신체기능을 결정하는 토대가 된다. 이러한 점을 고려해 볼 때 유아기에 제공되는 건강에 대한 생각과 건강 행위는 건강습관으로 이어져 평생 지속될 가능성이 가장 높다. 이러한 측면에서 유아 건강교육은 건강 관련 생활습관을 형성한다는 면에서 다른 어떤 생애 발달 단계보다 높은 교육 효과를 기대할 수 있다. 이 장에서는 유아의 건강과 안전에 대하여 알아보고자 한다.

**관련자료 : JTBC 뉴스** https://youtu.be/l6WxqfJnr4Q

<생각해 보기>

유치원 교실에서 유아의 건강을 유지하기 위하여 교사가 할 수 있는 일은 무엇이 있을까요?

**〈평가지표〉** Ⅲ-2. 안심하고 믿을 수 있는 급 · 간식 환경

Ⅲ-3. 유아와 교사를 위한 건강 및 안전 증진

Ⅲ-4. 안전한 등 · 하원

# 1. 건강

## 1) 청결

### (1) 손 씻기

유아가 손을 깨끗이 씻는 습관을 형성하기 위해서는 우선 교사가 항상 손을 청결히 유지하고 손을 씻는 모습을 보여 주며, 올바른 손 씻는 방법을 알려 주고 일과 생활 중에도 항상 손 씻는 시간을 마련해 주어야 한다. 특히 첫째, 간식이나 점심을 먹기 전, 둘째, 화장실을 다녀온 후, 셋째, 조형 활동을 한 후, 넷째, 바깥 놀이를 한 후, 다섯째, 요리 활동하기 전에는 반드시 손을 씻는 습관을 갖도록 해야 한다.

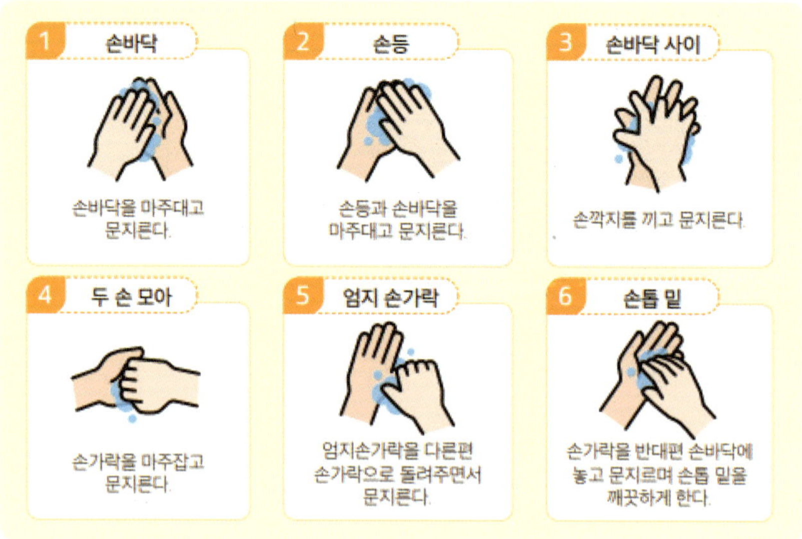


출처: 어린이집 유치원 생활방역 매뉴얼.

#### (2) 이 닦기

건강을 유지하기 위해 유아는 이를 잘 닦는 습관을 갖게 하여 충치가 생기지 않도록 미리 예방하는 것이 가장 좋다. 유치원에서 칫솔은 세균이 번식하지 않도록 살균소독기를 이용하여 관리하며, 개인위생컵을 사용하도록 한다. 유치원에서는 급식 후 이를 닦으며 여건이 허락하지 않으면 물 양치질이라도 하는 습관을 갖는 것이 좋다. 이를 닦는 방법은 다음과 같다. 첫째, 이와 잇몸이 접하는 곳에서 칫솔모를 45도 각도로 향하게 한다. 둘째, 이와 잇몸이 접하는 곳에 칫솔모를 놓고 짧게 회전식으로 이의 안과 밖을 닦는다. 셋째, 윗니는 위에서 아래로, 아랫니는 아래에서 위로 손목을 돌리며 칫솔의 탄력을 이용하여 털어내듯이 닦으며, 잇몸도 닦는다. 넷째, 음식 씹는 면을 닦는다. 다섯째, 혓바닥을 닦는다. 여섯째, 이를 닦는 일정한 순서를 각자 정하여 따르도록 돕는다. 예를 들어, 오른쪽 윗니의 안쪽면 → 오른쪽 윗니의 바깥쪽 면 → 왼쪽 → 양쪽의 씹는 표면 , 혓바닥과 같은 순서를 따를 수도 있다.

### 2) 급·간식

유아기는 성장과 발육이 빠르게 이루어지고, 운동기능의 발달로 신체 활동량이 많은 시기이므로 발육과 활동에 필요한 영양소를 섭취해야 한다. 유아의 균형 잡힌 영양과 열량 섭취는 매우 중요하므로 편식하지 않도록 올바른 식습관을 형성하게 해야 한다. 또한 과식, 폭식을 하지 않고 규칙적으로 때맞추어 식사하며 골고루 먹도록 한다. 이를 위해 조리사와 교사가 해야 할 일은 다음과 같다.

#### (1) 조리사

급 · 간식을 준비하는 조리사는 개인위생에 힘쓰고 아래의 내용과 같이 위생에 신경을 쓰도록 한다.

〈표 10–1〉 조리사 청결 사항

| 구 분 | 내 용 |
|---|---|
| 개인위생 | – 출근 직후 체온측정 및 건강 상태 체크<br>  * 발열 및 호흡기 증상이 있는 경우 귀가조치<br>– 작업 전 깨끗이 손 씻기<br>– 작업 과정별(전처리, 조리용, 배식용, 청소용 등) 복장 구분 |
| 검 수 | – 검수 전 깨끗이 손 씻기<br>– 방역용 마스크, 위생장갑 착용 필수<br>– 식재료 배송 취급자 발열 체크, 방역용 마스크, 장갑 착용 확인<br>– 외부인 출입 후 시설 소독 철저<br>  * 식재료 보관실 출입자 지정 · 관리 |
| 조 리 | – 작업 전 깨끗이 손 씻기<br>– 전 과정 중 방역용 마스크 착용<br>– 적절한 조리복장(위생복, 위생모 등) 착용<br>– 조리 과정 중 자주 손 씻기(교차오염 방지)<br>– 식재료 세척, 살균 · 소독 철저<br>– 칼, 도마 등 조리기구 용도별 구분 사용<br>– 철저한 가열 조리 |
| 배 식 | – 배식 전 깨끗이 손 씻기<br>– 방역용 마스크, 위생장갑 착용 필수<br>– 적절한 배식복장(위생복, 위생모 등) 착용<br>– 배식대, 배식기구 · 기기 살균 · 소독 철저<br>– 가능한 2시간 이내 배식<br>  * 배식시간 길어질 경우 소분하여 냉장 보관<br>– 온도 관리 철저(차가운 음식 5℃ 이하, 더운 음식 60℃ 이상)<br>– 남은 음식 전량 폐기 |
| 세척 및 소독 | – 조리대, 조리기구 · 기기 살균 · 소독 철저<br>– 배식대, 배식기구 · 기기 살균 · 소독 철저 |
| 시설 환경 | – 출입문 및 배식대, 퇴식구 등 손 소독제 비치<br>– 배식 전 · 후 식탁 살균 · 소독 철저<br>– 시설(출입문 손잡이, 책걸상, 화장실, 수도꼭지 등) 살균 · 소독<br>– 시설 환경 주기적 청소 · 소독 및 환기<br>– 외부인 출입 제한 |

출처 : 어린이집 유치원 생활방역 매뉴얼(2020).

### (2) 교사

교사는 유아에게 급 · 간식을 진행하는 데 있어 유아의 건강을 체크하고 안전하게 급 · 간식을 섭취할 수 있도록 지원한다.

〈표 10-2〉 교사 급 · 간식 안전사항

| 구 분 | 내 용 |
|---|---|
| 급 · 간식 전 | – 먹기 전 체온 측정<br>  * 기침, 목이 아프거나 열이 나면 선생님께 이야기하도록 지도<br>– 손을 깨끗이 씻도록 지도<br>– 먹기 전까지 방역용 마스크를 벗지 않도록 지도<br>– 개인 식기, 물병(물컵) 지참<br>– 이동 시에는 친구와 일정 간격 유지하면서 줄서기<br>– 사회적 거리두기가 유지 되도록 자리 배치 |
| 급 · 간식 중 | – 먹는 동안 손 닦을 수 있는 손소독제, 물티슈 비치<br>– 정해진 자리에 친구와 거리를 두고 앉도록 지도<br>– 개인 방역용 마스크를 벗어 잘 보관하도록 지도<br>– 먹는 동안 친구와 이야기하지 않도록 지도<br>– 개인 식기, 개인 물통(물컵) 사용<br>– 음식을 나눠 먹지 않고 개인 음식만 먹도록 지도 |
| 급 · 간식 후 | – 방역용 마스크를 다시 쓰도록 지도<br>  * 마스크 끈을 잡고 쓰도록 지도<br>– 먹은 후, 손을 깨끗이 씻도록 지도<br>– 이동 시에는 친구와 간격 지켜 줄서기 |

출처 : 어린이집 유치원 생활방역 매뉴얼(2020).

## 3) 보존식

유치원에서 혹시 모를 식중독 사고가 발생할 때를 대비하여 역학조사용으로 따로 보관해 놓은 음식을 보존식이라고 한다. 보존식은 집단으로 식중독이 발생했을 때, 어떤 음식이 식중독을 일으켰는지에 대해 알고 원인을 파악할 수 있다. 따라서 유치원에서는 급 · 간식에 나가는 모든 음식을 보관한다. 보존식을 관리할 때에는 보존식 용기에 담은 후 냉동실 안에서 한눈에 구분이 가능하도록 채취된 날짜와 시간, 폐기할 날짜와 시간, 메뉴, 채취한 사람의 이름과 직책 등을 기록한 종이를 케이스에 담아서 보존식 용기 위에 올려놓은 후 보관한다.

### 안전한 급식 관리

**(1) 식품 관리 기준 및 점검**

- 식품 등의 원료 및 제품 중 부패 · 변질이 되기 쉬운 것은 냉동 · 냉장시설에 보관 관리한다.
- 식품 등의 보관 · 운반 · 진열 시에는 식품 등의 기준 및 규격이 정하고 있는 보존 및 보관 기준에 적합하도록 관리하여야 하고, 이 경우 냉동 · 냉장시설 및 운반시설은 항상 정상적으로 작동하는지에 대해 관리한다.
- 식품 등의 제조 · 조리 · 가공 등에 직접 종사하는 자는 위생복 · 위생모를 착용하는 등 개인위생을 철저히 관리한다.
- 식품 등의 제조 · 조리 · 가공에 직접 사용되는 기계 · 기구 및 음식기는 사용 후에 세척 · 살균하는 등 항상 청결하게 유지 · 관리한다.

**(2) 보존식**

보존식은 식중독 발생 시 원인 규명 용도로 사용한다. 따라서 조리 제공한 식품의 매회 1인분 분량을 섭씨 영하 18도 이하로 144시간 이상 보관해야 한다. (「식품위생법」 제86조제2항제2호, 같은 법 시행규칙 제95조제1항).

**(3) 식중독 보고**

- 유치원에서 제공한 식품 등으로 인하여 식중독 환자나 식중독으로 의심되는 증세를 보이는 자를 발견하면, 관할 시장 · 군수 · 구청장에게 보고하여야 한다.
- 식중독이 발생한 경우, 보관 또는 사용 중인 보존식이나 식재료를 역학조사가 완료될 때까지 폐기하거나 소독 등으로 현장을 훼손하여서는 안 되며, 원인 규명을 위한 행위를 방해하여서는 안 된다.

# 2. 안전

## 1) 통학버스 안전

### (1) 운전자 및 교사

운전자와 교사는 통학버스 안전에 유의하여야 한다. 첫째, 등 · 하원 버스 지도를 담당하는 교사는 반드시 버스 운행 시간표를 숙지하여 유아를 빠뜨리지 않고 등원 지도를 하도록 한다. 교사는 차에서 내려 유아가 부모님께 인사를 하고 차량에 탑승할 수 있도록 지도하고, 차량에 탑승한 후 안전벨트를 착용하였는지에 대해 확인한 후 유아 모두 자리에 앉은 것을 확인하고 버스를 출발시키도록 한다. 특히 유아는 호기심이 많고 활동성이 많은 시기이기 때문에 돌발행동이 위험을 부르는 경우가 있으므로, 버스 출발 시에는 꼭 유아의 인원을 확인한다. 둘째, 모든 유아의 안전띠 착용 여부를 확인한다. 셋째, 하차 시 차량 주변에 위험상황이 있는지를 먼저 살핌으로써 유아가 안전한 상황에서 하차하도록 하고, 혹여나 있을 위험상황을 미리 인지하고 대처할 수 있도록 한다. 넷째, 교사가 버스에서 먼저 내린 후 유아가 하차하며, 하차한 유아가 안전한 장소에 도착했는지 확인한다. 다섯째, 차량 운행 종료 시 유아가 모두 내렸는지 확인을 하여 혹시나 버스에 유아가 남아 있는 일이 일어나지 않도록 주의한다. 하원할 때에도 등원 시와 마찬가지로 교사는 유아가 안전하게 버스에 탈 수 있도록 손을 잡아 주고 유아가 모두 탑승하였는지 차량 시간표를 확인한다. 이후 유아의 안전벨트가 모두 착용되었는지 확인 후 차량을 출발시키고, 유치원에 다시 돌아온 친구가 없는지 버스를 둘러보아 아무도 없는 것을 확인한 후 하차한다.

#### (2) 유아

첫째, 통학버스는 차가 많이 다니는 도로와 인접해 있기 때문에 유아는 버스 주변에서 절대 뛰지 않는다. 둘째, 운행하는 버스가 이동할 때 유아의 물건이나 신체의 일부분을 창밖으로 내놓아 위험한 상황이 발생하지 않도록 주의를 주어 안전하게 버스를 이용하도록 한다. 셋째, 차량 운행 중 안전띠를 풀지 않는다. 넷째, 버스가 완전히 정차한 후 타고 내리며, 안전하게 하차가 가능한지 주변을 모두 살피고 교사가 먼저 내린 후 유아가 안전하게 동승자의 지도와 안내를 받으며 하차한다. 다섯째, 승하차 시 친구들과 장난치면서 내리면 사고가 날 수 있기 때문에 장난치지 않고 순서대로 승하차 할 수 있도록 안내한다.

### 2) 안전사고

유아에게 예상치 못한 사고나 질병이 발생했을 때 병원에서 전문적인 치료를 받기 전까지 교사는 유아를 안전하게 보호하고, 상처의 악화를 방지하여 추가적인 손상을 예방해야 한다. 이를 응급상황에 대한 응급처치라고 한다. 응급처치를 위해 유치원의 교사는 다음과 같은 준비가 필요하다. 첫째, 교사는 기도 확보와 심폐소생술 등의 응급처치법과 전염성 질병 예방에 관한 훈련을 받는다. 둘째, 손이 쉽게 닿는 곳에 필요한 물품이 갖추어진 의약품이 담긴 구급상자를 준비한다. 셋째, 영유아의 비상연락망, 응급 시 도움을 요청할 수 있는 기관의 전화번호와 응급절차 과정 목록을 비치한다. 넷째, 견학 및 야외 활동 시 교사는 휴대용 구급상자와 비상연락망을 준비한다. 다섯째, 응급상황 발생 시 조치를 위하여 부모동의서를 상시 준비한다.

### (1) 응급상황 대처

교사는 응급상황 시 당황하지 말고 침착하고 신속하게 주변 상황과 유아의 상황을 관칠한 후에 무엇을 할 것인지를 판단한 후 응급처치를 취해야 한다. 이를 위해 첫째, 교사는 유아를 안심시킨다. 둘째, 사고의 원인과 상황을 파악하며, 주위에 있는 위험 물질을 제거한다. 셋째, 2차로 발생될 사고 위험의 유무를 판단해야 한다. 만일 다른 사고의 위험이 있을 때에는 영유아를 위험 지역에서 안전 지역으로 옮긴다. 응급조치에 대한 과정은 다음과 샅다. 첫쌔, 맥박 및 출혈 유무를 확인하여 출혈이 있는 경우 지혈시킨다. 둘째, 유아의 의식 및 호흡의 유무를 확인한다. 셋째, 손상 부위 등을 관찰하고 확인한다. 넷째, 상처에 먼지, 이물질, 세균이 침투하지 않도록 보호한다. 상처에 아무 약이나 바르지 말고 오염을 방지하기 위해 깨끗한 거즈로 살짝 덮어 준다. 다섯째, 골절이 의심될 때에는 손상 부위에 부목을 대어 주고 손상 부위를 높게 유지시킨다. 여섯째, 교사는 다친 유아의 부모에게 연락하여 사고 상황과 유아의 상태를 정확하게 알리고, 응급조치 이상의 치료에 대해서 의논한다. 일곱째, 사고 상황을 목격한 다른 유아들이 놀라지 않도록 안심을 시키고, 사고의 원인과 사고를 목격한 느낌을 이야기하면서 유사한 사고가 발생하지 않도록 조심시킨다. 여덟째, 사고 처리 후 사고보고서를 작성하여 사고의 원인과 재발 방지 대책을 세운다.

### (2) 구급상자

구급상자는 일정한 장소에 보관하고 사용한 뒤에는 반드시 제자리에 둔다. 구급상자는 건조하고 서늘한 곳에 두고, 아이들의 손에 닿지 않도록 한다. 구급약의 복용량이 적힌 설명서나 포장지를 함께 보관하며, 119, 112 등 응급상황에 필요한 전화번호를 잘 보이는 곳에 붙이고 야외 활동을 할 때, 구급약과 구급용품을 가방에 챙긴다.

〈표 10-3〉 구급약 종류

| 구급용품 | 구급약 | 여러 가지 붕대 |
|---|---|---|
| 체온계<br>보온 담요와 얼음주머니<br>의료용 가위, 핀셋, 펜치<br>일회용 장갑<br>손 소독제, 세정제 | 소독약<br>진통제<br>지혈제<br>해열제<br>소화제 | 붕대, 압박 붕대<br>의료용 테이프<br>멸균 거즈, 탈지면<br>일회용 반창고<br>수건 |

**토 론**

부모님께서 보내신 투약의뢰서와 약을 받았는데 바쁜 일정 가운데 투약하는 것을 잊었습니다. 교사는 어떻게 해야 할까요?

PART

# 3

# 교직실무

# 제11장 문서 관리

유아의 교육을 위하여 「유아교육법」에 따라 설립, 운영되는 유치원의 결정을 글이나 기호로 나타낸 것을 의미하며, 이러한 문서는 유치원 운영에 있어 원장, 원감, 교사들의 의사를 반영한 것이다. 따라서 문서 관리는 유치원 운영에 있어 필요한 사항에 대한 내용을 문서화하여 보관하고 관리하는 것이다. 이 장에서는 문서 관리에 대해 알아보고자 한다.

**관련자료 : 경기도 교육청** https://youtu.be/gdZRtcawvjk

<생각해 보기>

유치원의 중요한 문서에는 무엇이 있을지 적어 보세요.

# 1. 교원 임용 보고

임용이란 신규채용, 승진, 전보, 겸임, 파견, 휴직, 직위해제, 정직, 복직, 면직, 해임 및 파면의 내용을 의미한다. 신규채용의 경우 새로이 사람을 채용하는 것으로, 예비유아교사의 경우 신규채용에 해당한다. 「사립학교법」 제2조에 따르면 임용에 관련된 개념에 대하여 다음과 같이 설명하고 있다.

- 직위해제: 신분은 유지하게 하지만 직무를 수행하는 권리를 강제적으로 해제하는 것.
- 정직: 신분은 그대로 지닌 채 일정 기간 직무에 종사하지 못하고 보수의 2/3 감액됨.
- 면직: 일정한 직위나 직무에서 물러나게 함.
- 의원면직: 본인의 청원에 의하여 직위나 직무를 해면함.
- 해임: 어떤 지위나 맡은 임무를 그만두게 함.
- 파면: 징계 절차를 거쳐 임면권자의 일방적 의사에 의하여 교원 관계를 소멸시키거나 관직을 박탈함.

## 1) 임용 보고 절차

교사는 임용 보고의 순서를 확인하고 그 절차에 따라 제출 서류를 준비하여 임용 보고를 하도록 한다. 유치원의 설립자는 교원을 임면한 때에는 임면한 날로부터 7일 이내에 교육청에 보고하여야 한다(「사립학교법」 제54조제1항). 보고를 하지 아니하거나 허위 보고를 한 때에는 500만원 이하의 과태료에 처한다(「사립학교법」 제74조제2항). 따라서 신원조사와 성범죄경력조회의 경우 확인하는 절차에 있어 시간이 소요되는 항목이 있으므로 시간을 가지고 준비하는 것이 좋다. 또한 3월 1일부터 유치원에 근무를 하였더라도 전체적인 서류가 교육청에 보고된 이후인 3월 중순부터 시작한 것으로 나올 수 있다. 교원의 경력은 임용 보고가 된 후 승급이나 연금에 직접적인 영향을 미치기 때문에 교육청에 임용 보고가 늦어지지 않도록 한다.

〈표 11-1〉 임용 보고 절차

| 단계 | 내용 |
|---|---|
| 가. 신원 조사 및 결격사유 조회 범죄경력 조회 | • 신원조사 요청 : 교육지원청(유 · 초등교육지원과)<br>• 결격사유 조회 : 등록기준지 시, 구, 읍 · 면<br>• 범죄경력 조회 : 해당 경찰청<br>※ **신원조사 및 결격사유 조회, 범죄경력 조회 결과 이상이 없을 시 임용 가능** |
| ⬇ | |
| 나. 임용 제청 | • 유치원장 → 설립자 |
| ⬇ | |
| 다. 임용 보고 | • 유치원장 → 교육지원청(유 · 초등교육지원과)<br>• 「사립학교법」 제54조의 규정에 의거 **임면한 날부터 7일 이내 보고** |

## 2) 임용 보고 시 제출 서류

「사립학교법」 제54조, 「교육공무원임용령」 제6조, 「교육공무원 인사기록 및 인사 사무처리 규칙」 제4조에 따라 임용 보고 대상은 신원조사 및 범죄경력 조회가 완료되었으며 그 결과에 이상이 없는 자이다. 또한 임용 보고에 따른 서류는 원본을 제출하고 사본은 유치원에 보관하며, 유치원 자체 임용발령대장에 작성해 놓는다.

- 공문 - 유치원에서 준비하는 것으로 임용 7일 이내에 보고하며, 공문상의 임용일은 임용장의 임용일이 되므로 날짜를 확인하도록 한다.

- 경력증명서 - 이전 유치원에서 근무한 경력이 있다면 경력증명서를 포함한다. 경력증명서는 초임일 경우 해당사항이 없으며, 발급처는 관할 교육청 민원실이나 근처 초중고 행정실에서 FAX민원으로 신청 가능하다.

- 성범죄 경력 및 아동학대 관련범죄 전력 조회 회신서 - 유치원에서 조회서류를 준비한다. 서류를 신청한 후 발급까지 15일 정도 걸리며, 이후 임용이 이루어진다. 따라서 유치원에서 경찰서에 미리 요청했던 성범죄 경력 및 아동학대 관련범죄 전력 조회에 대한 회신 결과이다.

- 주민등록초본 – 주민등록번호 13자리 모두 공개되어야 하며, 인터넷(정부 24) 또는 행정복지센터에서 발급 가능하다.

- 졸업증명서 – 졸업증명서는 해당 학교에서 발급받을 수 있으며, 신분증 지참 후 주민센터에서도 발급이 가능하다.

- 교원자격증 – 교사가 되기 위해서는 자격증이 필수이다. 따라서 교육부 장관이 수여하는 국가자격증이 필요하다. 교원자격증을 소지하는 사람에 한해 유치원교사 자격이 주어지는데, 이는 대학교 유아교육과, 전문대 유아교육과를 졸업하면 학점에 따라 받을 수 있다.

- 인사기록카드 – 대형 문구점에서 구매할 수 있으며, 인사기록카드의 사항에 맞도록 작성한다. 인사기록카드 맨 뒷장에 작성 요령이 제시되어 있다.

- 채용신체검사서 – 채용신체검사서는 공무원용으로 발급하며, 사진(2장)을 가져가야 채용신체검사서를 발급받을 수 있다. 8시간 공복상태를 유지하고 병원에 방문하며 신체검사, 혈액검사, 소변검사 등을 체크한다.

- 아동학대 관련 범죄전력 조회 –신원조회는 임용 전에 실시하며, 관내 유치원의 임용 예정인 모든 교원에 대하여 실시한다. 신원진술서는 교육청에서 다운을 받아 사용하며 개인정보 동의서와 기본증명서(상세)를 유치원에서 교육청에 제출하면 신원조회 회신서가 유치원으로 온다. 임용 서류가 밀리는 시기에는 30일 정도가 소요되기 때문에 미리 신청하도록 한다.

- 신원조회 및 성범죄 경력 – 성범죄 경력 및 아동학대 관련 범죄전력 조회는 유치원에서 신청서를 작성하고 성범죄 경력 및 아동학대 관련 범죄전력 조회 동의서를 받아 경찰서에 신청하면 2주 정도 소요된다.

### ◈ 교원 임용 보고 제출 서류 안내(임용한 날부터 7일 이내 보고)

- 교육공무원 인사기록카드
- 임용제청서(원장은 취임승낙서로 대신함) 및 임용장 사본
- 교원자격증 사본(원본 지참)
- 성범죄경력 및 아동학대 관련 범죄전력 조회 회신서 사본
- 결격사유 조회 회보서 사본
- 경력증명서(경력이 있는 교사에 한함) : 전임 유치원(어린이집) 면직 기록된 것
  ▷ 유치원 교원 경력증명서 – 초 · 중 · 고등학교 행정실, 교육지원청 등에서 「Fax민원」 신청하여 발급받음
- 이사회 회의록(법인에 한함)
- 공무원 채용신체검사서(유효기간 : 판정일로부터 1년)
- 주민등록초본(병역 확인용) 1부 : 해당자만 제출

### ◈ 인사기록카드 : 병지 포함 3장으로 된 「**교육공무원 인사기록카드**」 양식 사용

- **자격** · **면허**란은 **교육에 관계되는 내용만** 기재(운전면허 등 제외)
- 경력은 **교육지원청에 보고된 것** 기재, 뒷면에 **임용유치원 직인 날인**하여 제출
- **동일 관할 교육지원청 내**에서 이동하는 경우 **인사기록카드 및 경력증명서 제외**

### ◈ 인사 관련 서류 제출 시 유의사항

- 반드시 전자문서로 시행하고 **붙임 직송**
- **모든 서류 사본은 「원본대조필」 날인**하여 제출
  ※ **원본대조필 예시(설립자, 원장, 원감 중 책임자 확인)**

<table>
<tr><td rowspan="3">원본<br>대조필</td><td>○○유 치 원</td></tr>
<tr><td>원장 ○ ○ ○ (인)</td></tr>
<tr><td>년 월 일</td></tr>
</table>

- 업무관리시스템 공문 발송 시 **개인정보** 포함되므로 반드시 **비공개(6호) 및 보안문서 체크**(V)하여 발송

# 2. 출석부

표준화된 문서양식은 교사들의 업무 처리를 수월하게 해 준다. 또한 전산화 작업은 서류의 기록과 보관을 용이하게 해 준다. 표준화 및 전산화된 자료는 다음 해 효율적인 운영을 위한 참고자료가 된다.

## 1) 문서 구분

문서는 작성 주체와 대상에 따라 구분할 수 있다. 첫째, 공문서란 행정기관에서 공무상 작성하는 것이며, 사문서는 개인의 사적인 목적을 위하여 작성한 문서라고 할 수 있다. 이때 외부 기관에는 발신하지 않으면서 유치원 내부적으로 결재를 필요로 하는 문서는 대내문서라고 하며, 연간계획 수립, 물품 구입, 행사계획 및 결과 보고 등을 의미한다. 이와는 다르게 유치원 이외에 다른 행정기관이나 개인, 단체 등에 발송하거나, 수신하는 문서는 대외문서라고 하며, 지역교육지원청에 발송하는 신입원아 인원보고, 신규교원 임용관련 서류 등을 의미한다.

## 2) 다양한 문서 정리

### (1) 출석부

학급 유아들의 유치원 출석, 조퇴, 결석, 전출 및 전입 등의 내용을 기록하는 장부이다. 출석부에 기재되는 모든 문자는 한글과 숫자로 기재하며, 내용은 모두 수기로 작성해야 한다. 출석부의 기재 방법은 다음과 같다.

① 유아의 이름 기재: 유아의 이름은 '가나다' 순으로 기재하되, 학기중 새롭게 입학하거나, 전입 온 유아의 경우에는 기존 유아의 명단 맨 마지막에 기재

② 공휴일의 처리 시: 유아의 이름이 시작되는 첫 칸부터 세로로 선을 긋는다. 빨간색을 주로 사용/국경일이나 재량휴업일의 경우: 휴원일의 가운데 휴원

사유를 간략하게 기재

③ 출석부의 방학 기재 방법: 시작하는 첫날 첫 칸을 시작으로 방학이 끝나는 날 마지막 칸까지 대각선으로 표시, 가운데 부분에 '여름방학' 혹은 '겨울방학'으로 기재

④ 결석의 처리: 출석해야 할 날짜에 출석하지 않았을 때 결석으로 처리

⑤ 결석의 통계 처리

- 결석일수의 산정은 각 원아별로 결석한 일수를 종합하여 기재하되, 전입 원아의 경우에는 전입 전 유치원의 결석일수를 확인한 후 기재
- 일반 결석(병결, 사고결, 기타결)만 결석 통계 처리
- 지각, 조퇴는 결석일수로 처리하지 않음
- 퇴학, 재입학, 편입학, 전학 등으로 학적 변동이 있는 경우 전출한 유치원의 당일까지를 수업일수로 산입
- 전출과 전입(편입학)한 날짜가 동일한 경우, 전입(편입학)일만 수업일수로 산정

**출 석 부**

______년 ______월 ______유치원 ______반

| 연번 | 이름 | ☎ | 1 | 2 | 3 | 4 | 5 | 6 | 7 | 8 | 9 | 10 | 11 | 12 | 13 | 14 | 15 | 16 | 17 | 18 | 19 | 20 | 21 | 22 | 23 | 24 | 25 | 26 | 27 | 28 | 29 | 30 | | 출석일 |
|---|---|---|---|---|---|---|---|---|---|---|---|---|---|---|---|---|---|---|---|---|---|---|---|---|---|---|---|---|---|---|---|---|---|---|
| | | | 화 | 수 | 목 | 금 | 토 | 일 | 월 | 화 | 수 | 목 | 금 | 토 | 일 | 월 | 화 | 수 | 목 | 금 | 토 | 일 | 월 | 화 | 수 | 목 | 금 | 토 | 일 | 월 | 화 | 수 | | |
| 1 | 강O우 | | | | | | | | | | | | | | | | | | | | | | | | | | | | | | | | | |
| 2 | 김O희 | | | | | | | | | | | | | | | | | | | | | | | | | | | | | | | | | |
| 3 | 김O범 | | | | | | | | | | | | | | | | | | | | | | | | | | | | | | | | | |
| 4 | 김O채 | | | | | | | | | | | | | | | | | | | | | | | | | | | | | | | | | |
| 5 | 김O윤 | | | | | | | | | | | | | | | | | | | | | | | | | | | | | | | | | |
| 6 | 민O영 | | | | | | | | | | | | | | | | | | | | | | | | | | | | | | | | | |
| 7 | 성O민 | | | | | | | | | | | | | | | | | | | | | | | | | | | | | | | | | |
| 8 | 서O호 | | | | | | | | | | | | | | | | | | | | | | | | | | | | | | | | | |
| 9 | 안O진 | | | | | | | | | | | | | | | | | | | | | | | | | | | | | | | | | |
| 10 | 이O영 | | | | | | | | | | | | | | | | | | | | | | | | | | | | | | | | | |
| 11 | 이O기 | | | | | | | | | | | | | | | | | | | | | | | | | | | | | | | | | |
| 12 | 진O원 | | | | | | | | | | | | | | | | | | | | | | | | | | | | | | | | | |
| 13 | 최O연 | | | | | | | | | | | | | | | | | | | | | | | | | | | | | | | | | |
| 14 | 최O호 | | | | | | | | | | | | | | | | | | | | | | | | | | | | | | | | | |
| 15 | 허O준 | | | | | | | | | | | | | | | | | | | | | | | | | | | | | | | | | |
| 16 | | | | | | | | | | | | | | | | | | | | | | | | | | | | | | | | | | |
| 17 | | | | | | | | | | | | | | | | | | | | | | | | | | | | | | | | | | |
| 18 | | | | | | | | | | | | | | | | | | | | | | | | | | | | | | | | | | |
| 19 | | | | | | | | | | | | | | | | | | | | | | | | | | | | | | | | | | |
| 20 | | | | | | | | | | | | | | | | | | | | | | | | | | | | | | | | | | |

※ 기입부호 : ○ 병결 ◎ 사고결 × 조퇴 △ 지각 · 조퇴 / 결석

## 3. 생활기록부

생활기록부란 유아의 신체운동 · 건강, 의사소통, 사회관계, 예술경험, 자연탐구 5개 영역의 발달 상황의 변화 및 인적사항, 학적사항, 출결상황을 기록한 문서이다. 이러한 생활기록부는 유아의 전반적인 사항을 종합적으로 관리하고 증빙자료로 제공할 수 있다. 유치원생활기록부 작성은 컴퓨터 저장 매체에 20년간 보관하고, 유치원생활기록부는 준 영구보존의 공공기록물로 규정됨으로써 전자적으로 생산 · 관리되어야 한다. 유치원에서는 각종 재해 등의 비상사태에 대비하여 유치원생활기록부 서식에 맞게 전체 항목을 양면으로 출력하여 해당 유아가 졸업(또는 수료)한 후 5년 동안 유치원에 보존 · 관리한다. 5년이 지난 후에는 내부결재를 득한 후 폐기한다. 생활기록부를 작성하게 되면 소속 유아의 발달과정 등을 전반적으로 확인할 수 있으며, 상급 교육기관 진학에 참고자료로 활용할 수 있다. 2020 유치원생활기록부 기재요령에 따르면 다음과 같다.

### 1) 작성 방법

사실을 기반으로 정확하고 구체적으로 작성해야 한다. 유치원생활기록부의 작성 및 관리의 책임자는 원장이며, 유치원생활기록부의 작성자는 당해 학년도 유아의 담임교사이다. 담임교사가 중간에 바뀐 경우, 유치원생활기록부의 담임 성명란에는 학년말 결재 받을 당시 담임교사의 성명을 적는다. 생활기록부의 작성 기간은 유치원의 당해 학년도는 3월 1일부터 다음해 2월 말일까지이다.

### 2) 인적사항

- 유아의 성명, 생년월일, 주소는 주민등록등본과 일치하여야 한다.
- 부모(보호자)의 인적사항은 주민등록등본 또는 유아 본인의 가족관계증명서를 기준으로 입력함을 원칙으로 한다.

- 입양의 경우 양부모를 부모로 입력한다.
- 한부모 가정인 경우 '부' 또는 '모' 칸을 공란으로 둔다.
- 조손 가정인 경우 관계란에 '부(조부)', '모(조모)'라고 기입한 후 성명과 생년월일을 입력한다.

### 3) 학적사항

학적사항에 명시된 용어들은 「유아교육법 시행령」 제10조제1항의 용어에 따른다.

- 입학: 최초 유치원 또는 전입하지 않고 해당 유치원에 들어감
- 재입학: 유치원에서 학적을 중단한 유아가 중단 이전 유치원의 재학 당시 연령 또는 그 아래의 연령으로 다시 입학함
- 편입학: 유치원에서 학적을 중단한 유아가 다른 유치원에 입학하거나, 중단 이전 유치원에 재학 당시 연령보다 차상급 연령으로 다시 입학함
- 전학: 다른 유치원으로 학적을 옮김. 전학은 전출과 전입을 포함함
  - ▲ 전출: 우리 유치원에서 다른 유치원으로 학적을 옮김
  - ▲ 전입: 다른 유치원에서 우리 유치원으로 학적을 옮김
- 휴학: 질병 등 사유에 의해 유치원장의 허가 하에 일정 기간 동안 교육과정 이수를 중단함
- 퇴학: 유치원규칙에 의해 학적(재학생의 신분)을 중단함
- 수료: 유치원규칙에 따라 해당 연령의 교육과정을 이수함
- 졸업: 유치원규칙에 따라 교육과정을 마침

### 4) 출결상황

- 수업일수는 매 학년도 180일 이상이 원칙이다.
- 출석해야 하는 날짜에 출석하지 않았을 때 결석으로 처리한다.
- 지각, 조퇴는 결석일수로 처리하지 않는다.

– 출석으로 인정된 원격수업일수는 출석일수에 산입한다.

– 다음의 경우는 출석으로 인정한다.

▲ 지진, 폭우, 폭설, 폭풍, 해일 등의 천재지변 또는 법정 감염병, 미세먼지(유치원 내 확산 방지를 위해 유치원장이 필요하다고 인정하는 비법정 감염병을 포함) 등으로 출석하지 못한 경우

▲ 공권력의 행사로 인하여 출석하지 못한 경우

▲ 원장의 허가를 받은 "유치원을 대표한 경기 · 경연대회 참가, 현장실습, 교환학습, 교외체험학습 등"으로 출석하지 못한 경우

– 기타 부득이한 사유로 원장의 허가를 받아 결석한 경우

– 퇴학 · 재입학 · 편입학 · 전학 등으로 학적 변동이 있는 경우 유치원의 전출 당일까지를 출석일수로 산입한다.

– 경조사로 인해 출석하지 못한 경우 출석으로 인정한다.

– 일주일 이상 장기 결석은 연속한 수업일수 7일 이상의 결석을 의미한다(주말, 공휴일 제외).

### 5) 신체발달상황

– 신체발달상황은 입학 후 한 달 내 측정하여 입력한다.

– 유아의 키와 몸무게를 측정하여 아라비아 숫자로 정확하게 입력한다

### 6) 유아발달상황

유치원 교육과정에서 제시된 신체운동 · 건강, 의사소통, 사회관계, 예술경험, 자연탐구 영역을 중심으로 통합적으로 기술한다.

– 3문장 내외로 간결하게 기재한다. 문장은 명사형 어미(~함,~임 등)로 종결하며, 마침표를 찍는다.

### 7) 대장번호

– 졸업대장번호란 졸업대장에 순차적으로 붙여지는 아라비아 숫자를 말한다.
– 수료대장번호란 수료대장에 순차적으로 붙여지는 아라비아 숫자를 말한다.

### 8) 정정사항

– 정정이 불가피한 경우란 인적사항, 학적사항, 출결상황의 중대한 오류나 변경 등에 한한다.
– 정정사유를 발견한 당해 학년도 담임교사(또는 업무담당자)가 정정한다.
– 정정을 하는 경우에는 전자기록생산시스템에서 기안하며 스캔한 증빙자료, 정정 완료한 생활기록부를 붙임문서로 첨부하고, 증빙자료 원본은 정정대장에 철하여 준영구보관한다.
– 정정대장 작성 시 문서번호, 정정사항의 오류 내용, 정정 내용, 정정 사유는 간략하게 입력한다.
– 정정대장은 유치원장의 결재를 받아야 한다.

**유치원생활기록부 정정대장**

| 번호 | 정정 문서번호 (연.월.일.) | 정정 대상자 | | 정정 사항 | | | | 증빙자료 | 결재 및 입력확인 | | |
|---|---|---|---|---|---|---|---|---|---|---|---|
| | | 학년도·반·연령 (수료·졸업 대장번호) | 성명 | 항목 | 오류내용 (정정 전) | 정정내용 (정정 후) | 정정사유 | | 담임 (담당) | 원감 | 원장 |
| 2020-1 | ○○유치원-000 (2020.04.21.) | 2019년·사랑반·5세 (2019-25) | 김지운 | 인적 사항 | 성명 (김지운) | 김지원 | 입력오류 | 주민등록 등본 | | | |
| | | | | | | | | | | | |

☞ 증빙자료가 출석부인 경우 출석부 사본에 원본대조필 후 정정대장에 철하여 보관한다.

출처 : 2020 유치원생활기록부 기재요령.

[별지 제1호 서식]

# 유치원 생활기록부

| 구분 \ 연령 | 3세 | 4세 | 5세 |
|---|---|---|---|
| 수료 · 졸업대장번호 | 20 – | 20 – | 20 – |
| 반 | | | |
| 담임 성명 | | | |

| 사진 (3.5cmx4.5cm) |
|---|

## 1. 인적사항

| 성 명 | | | 성 별 | | 생년월일 | |
|---|---|---|---|---|---|---|
| 주 소 | | | | | | |
| | | | | | | |
| | | | | | | |
| 가족 상황 | 구분 \ 관계 | 부 | | 모 | | |
| | 성명 | | | | | |
| | 생년월일 | | | | | |

## 2. 학적사항

| 연.월.일. \ 구분 | 내 용 | 특기사항 |
|---|---|---|
| 20 . . . | 유치원 세 입학 | |
| | ※ 이하 빈칸은 학적 변동에 따라 추가 가능 | |
| | | |
| | | |
| 졸업 후의 상황 | | |

## 3. 출결상황

| 연령 \ 구분 | 수업일수 | 출석일수 | 결석일수 | 특기사항 |
|---|---|---|---|---|
| 3세 | | | | |
| 4세 | | | | |
| 5세 | | | | |

4. 신체발달상황

| 구분 / 연령 | 검사일 | 키(cm) | 몸무게(kg) |
|---|---|---|---|
| 3세 | 20 . . . | | |
| 4세 | 20 . . . | | |
| 5세 | 20 . . . | | |

5. 건강검진

| 구분 / 연령 | 검진일 | 검진기관 | 특기사항 |
|---|---|---|---|
| 3세 | 20 . . . | | |
| 4세 | 20 . . . | | |
| 5세 | 20 . . . | | |

6. 유아발달상황(성명 :                )

| 연 령 | 발달상황 |
|---|---|
| 3세 | |
| 4세 | |
| 5세 | |

## 4. 응급처치 및 비상연락망

응급처치동의서란 유아에게 응급상황이 발생하여 절차에 따라 응급처치를 할 시, 그 권한을 유치원에 위임할 것에 동의한다는 내용의 문서를 말한다. 응급처치동의서에는 유아의 성별, 혈액형, 특이사항 등의 기본 정보를 비롯하여 응급처치의 절차를 단계별로 상세히 기재하도록 한다. 또 학부모 연락처와 비상연락처, 지정된 의료기관 등의 정보를 정확히 기재하도록 한다.

**응급처치동의서 및 비상연락망**

풀잎반 유아이름 : ____________ 성별 : 남 / 여

생년월일 : ________________ 혈액형 : __________

귀 기관에서 유치원에 대한 사고시 응급처치가 신속히 이루어지도록 다음의 연락처로 연락을 취해주시고, 귀 기관에서 다음의 절차에 따라 응급처치를 하는 경우 그 권한을 귀 기관에 위임할 것에 동의합니다.

날짜 : ____________ 부모이름 : ______________(서명 또는 인)

◆ **응급처치의 절차**

1. 사고 발생시 가장 먼저 부모님께 연락합니다.

(시 간) (전화번호 또는 호출번호)

① 어머니와는 ____________ 동안에 ☎ ____________ 로 연락할 수 있습니다.

② 아버지와는 ____________ 동안에 ☎ ____________ 로 연락할 수 있습니다.

2. 부모님과 신속하게 연락이 되지 않을 경우 부모님이 정해주신 다음의 사람들에게 연락합니다.

③ ☎ ____________ 로 연락주십시오. 이름 __________ (유아와의 관계 )

④ ☎ ____________ 로 연락주십시오. 이름 __________ (유아와의 관계 )

3. 원하시는 대로 1, 2순위를 체크해 주시고, 의료기관 이름을 써 주십시오.

( ) 유치원에서 지정하는 의료기관

( ) 부모님이 정하신 의료기관 ________________

※ 단, 위급한 상황에서는 119 구조대에 연락하여 응급 수송하겠습니다.

**문산동초등학교병설유치원**

## 5. 귀가 동의서

귀가 동의서는 하원 시 원아의 귀가 형태에 대한 동의를 얻기 위해 작성한 문서이다. 귀가 동의서는 보호자의 연락 없이 다른 사람에게 유아를 보내지 않는다는 내용으로 작성한다. 혹시 모를 만약의 사태를 대비하기 위해 유치원에서는 유아의 보호를 위하여 모든 학부모의 귀가 동의서를 받고 있다. 유치원에서는 학부모가 원하는 귀가 시간에 맞추어 원아를 집에 보내도록 한다. 학부모는 유치원에서 행하는 귀가 방식에 대해 동의함을 서명을 통해 나타낸다.

**귀 가 동 의 서**

| 반명 | | 유아명 | |
|---|---|---|---|
| 생년월일 | | 성별 | 남 / 여 |

위 유아의 귀가 시 아래의 보호자에게 인도하여 주십시오.
아래의 보호자 이외의 다른 사람에게 인계할 때에는
사전에 반드시 연락을 취하겠습니다.

✓ 차량 귀가 시 하차 후 어린이는
(1) 혼자서 귀가 할 수 있습니다. (　　)
(2) 부모님과 함께 귀가합니다. (　　)
(3) 다른 친인척과 함께 귀가합니다. (　　)
(4) 기타 (　　　　　　)
- 위의 (1) 이외 항목에 해당하는 유아는 보호자가 없는 경우 원으로 돌아갑니다.
보호자는 원으로 오셔서 유아와 함께 귀가합니다.

✓ 기 간 : 2021 년 3 월 1 일 ~ 2022 년 2 월 28 일까지
✓ 귀가요청시간 : (　　　　　　)
- 귀가시간 변경 및 인도자 변경 시 변경 요청

✓ 인계자 성함 및 원유아와의 관계

- 1차 인계 보호자 (성명: 　　관계 : 　　연락처: 　　)
- 2차 인계 보호자 (성명: 　　관계 : 　　연락처: 　　)

20 년 3 월 1 일

보호자 성명 : 　　　(인)

**유치원** 000-000-0000

## 6. 식품 알레르기 조사서

식품 알레르기란 유전적인 요소와 환경적인 요소가 합해져 발병되는 질환으로, 특정 식품을 먹은 후에 인체의 면역계가 과민하게 반응하여 일어나는 증상이다. 유아는 소화기관이 미숙하여 음식물을 완전히 소화, 흡수하지 못하고 고분자 물질을 그대로 섭취하기 때문이다. 따라서 식품 알레르기로 인하여 유아의 건강에 심각한 문제가 발생할 수 있으므로, 다음과 같은 식품 알레르기 조사서의 작성이 필요하다.

### 식품 알레르기 조사서

유치원에서는 단체급식을 실시함에 있어 식품 알레르기로 인하여 유아의 건강에 심각한 문제가 발생할 수 있어 알레르기 반응 여부 및 증상에 대한 조사를 실시합니다.

유아명: 생년월일:

반 명: 성 별:

| 식품 알레르기 | 있다 □ | 없다 □ |
|---|---|---|
| | 병원진단: 유 □ (진단시기: ) 무 □ | |

※ '있다'에 체크하신 경우 아래 내용에 식품명과 증상 등을 되도록 구체적이고 자세하게 적어주시기 바랍니다.

1. 알레르기 유발식품 :
2. 증상 (해당사항에 체크) :
   □두드러기 □가려움 □피부발진 □붓는다(얼굴, 눈, 입술) □구토 □설사 □복통 □기침 □콧물 □쌕쌕거림 □호흡곤란 □청색증 □혈압저하 □의식저하 □기타( )
3. 양에 따른 반응 :
4. 조리 상태에 따라 반응 :
5. 반응이 나타나기까지 소요시간 :
6. 식품알레르기로 응급실에 간 경험(발생 시기, 원인식품, 증상 등) :

⇨ "알레르기 식품 표시제"

① 현재 우리나라에서 법령으로 정하여 꼭 표시하는 식품은 총 13가지입니다
난류(계란), 우유, 메밀, 땅콩, 대두, 밀, 고등어, 게, 새우, 돼지고기, 복숭아, 토마토, 아황산염
② 우리나라 유통되는 모든 식품에 표시하고 있습니다.
③ 식품 알레르기 환자는 소량의 식품에 노출되어도 심한 증상이 나타날 수 있으므로 응급상황을 예방하기 위하여 알레르기 유발식품을 피해야 하며, 식품 라벨의 표시사항을 꼭 읽습니다.
④ 성분이 유사한 식품이나 알레르기 식품으로 만든 제 2차 식품도 주의해야 합니다.
⑤ 건강식품과 일부 의약품에도 알레르기 식품성분이 포함되어 있을 수 있습니다.

**식품알레르기 뿐만 아니라 특별한 음식을 필요로 하는 경우(특이체질, 제한식이 등) 보호자와 협의하여 음식을 제공합니다. 매달 제공되는 식단표를 확인하시어 알려 주시기 바랍니다. 단체급식의 특성상 신체특성을 고려한 식단제공에는 한계가 있으므로 귀 댁의 자녀가 건강하게 생활할 수 있도록 협조하여 주시기 바랍니다.**

보호자 이름 : ______________ (인)

# 제12장 행정업무

유치원 행정업무는 유치원의 원활한 운영을 위하여 유치원 설립부터 이루어지는 원아모집, 운영 전반, 회계업무 처리 등을 의미한다. 이러한 행정업무를 위해서 유치원에서는 유치원 행정실무사를 두어 행정에 있어 효율성을 높이기도 하고, 각 유치원의 상황에 따라 주임교사나 원감이 업무를 보기도 한다. 이에 따라 이 장에서는 행정업무에 대해 알아보고자 한다.

관련자료 : 에듀파인 1년‥적응 어려운 사립유치원 "인력 부족" 호소

https://youtu.be/B5mierM8hAQ

<생각해 보기>

사회의 변화에 따라 이전에는 문서로 남겼던 사항을 근래에는 컴퓨터 온라인으로 남기고, 컴퓨터 온라인상으로 결재를 받거나 하는 경우가 많아졌습니다. 이러한 온라인 행정에 대한 장단점에 대해 생각해 보세요.

# 1. 업무관리시스템

사립유치원의 업무관리시스템은 대부분 1개의 인증서를 사용하고 있으며, 문서 공람이 필요하며, 문서 접수 시에도 원장을 바로 업무 담당자로 지정하고 있다. 사립유치원 행정실무 가이드북(2018)에 따르면 다음과 같다.

## 1) 교육행정 전자서명 인증 발급 및 등록

### (1) 인증서 발급 신청

- 신청서 작성: 교육부 전자서명인증센터(http://www.epki.go.kr) → 인증서 발급/관리 → 신청절차 안내 → 발급/재발급 메뉴의 '기관용신청서' 또는 '개인용신청서' 다운로드 후 신청서 작성
- 공문과 신청서를 작성하여 교육지원청으로 공문 발송

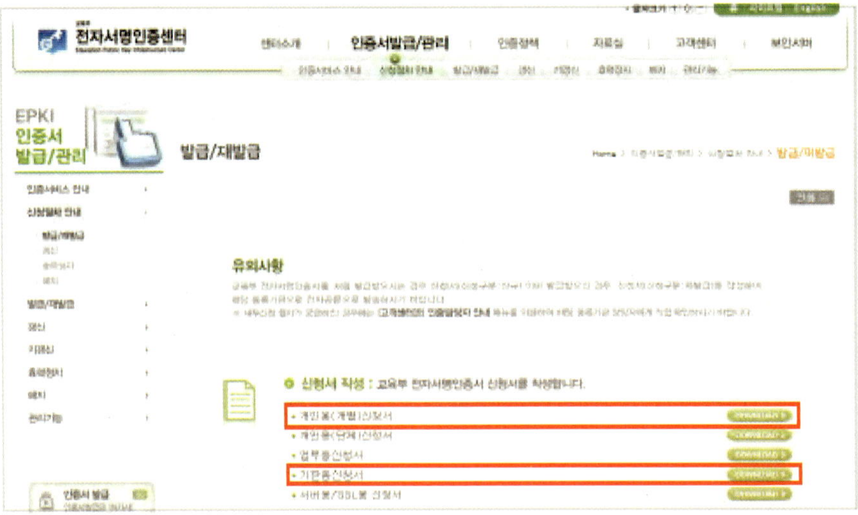

### (2) 인증서 발급

- 공문 접수 후 인증발급시스템에 기관 정보 등록
- 교육지원청에서 등록 업무 처리를 하면 참조번호/인가코드의 메일과 문자메시지가 신청서에 기입된 E-mail 주소와 휴대폰으로 자동 발송됨.
- 전자서명인증센터(http://www.epki.go.kr)에서 발송한 보안메일의 첨부파일 실행
- 인증서발급신청서에 기재했던 임시 비밀번호 8자리를 입력하여 참조번호/인가코드를 확인 후 [인증서발급 바로가기] 버튼 클릭
- [인증서발급 바로가기] 버튼을 클릭하면 전자서명인증센터 홈페이지(http://www.epki.go.kr)의 [인증서발급/관리] 메뉴가 나타나며 '개인용 인증서 발급' 또는 '전자관인용(기관용) 인증서 발급'의 [인증서발급] 버튼 클릭

### (3) eVPN(가상 사설전용망) 등록 및 이용

- 교육지원청 담당자는 사립유치원 교육행정전자서명 인증서를 발급받으면 바로 eVPN을 등록함.
- PC의 웹 브라우저(Internet Explore)를 실행하여 주소창에 "https://evpn.gne.go.kr"을 입력하여 접속.

## 2) 공문서 유통(공문서 생산)

행정 효율과 협업 촉진을 위해 문서를 만드는 과정은 다음과 같다.

(1) 업무관리시스템 문서관리 → 기안 → 공용서식 → 사립유치원용 서식 선택

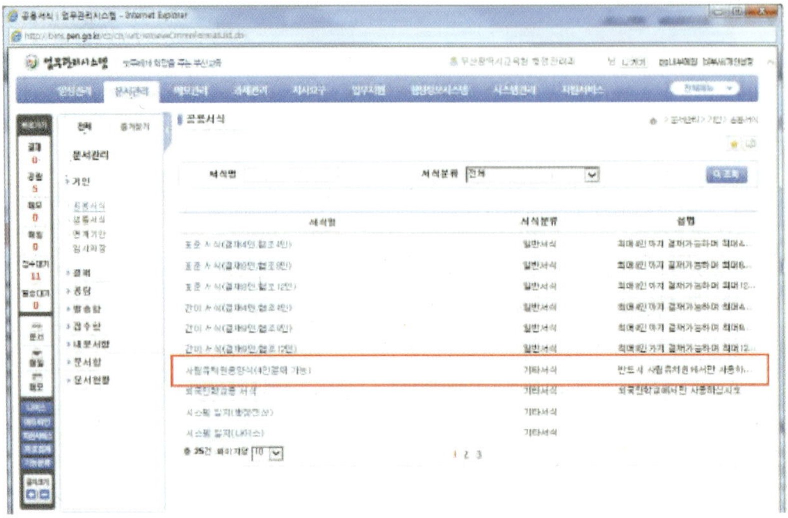

(2) 문서제목 입력① → 단위과제카드 선택② → 해당 단위과제카드 선택③ → 확인④

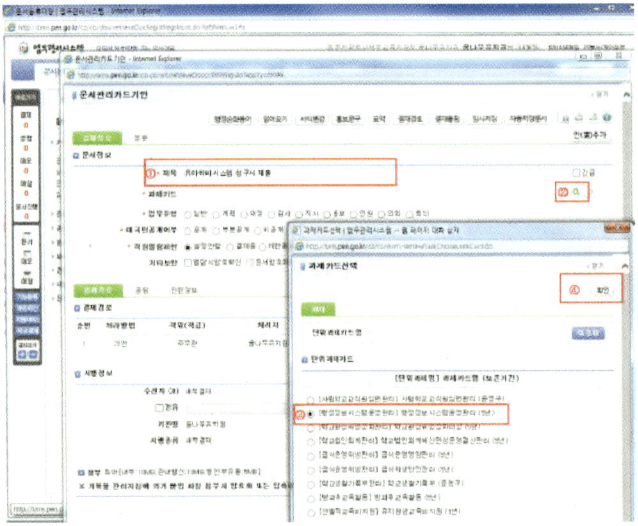

(3) 업무유형 일반, 계획, 재정, 감사, 지시, 홍보, 민원, 의회, 회의 중에서 선택

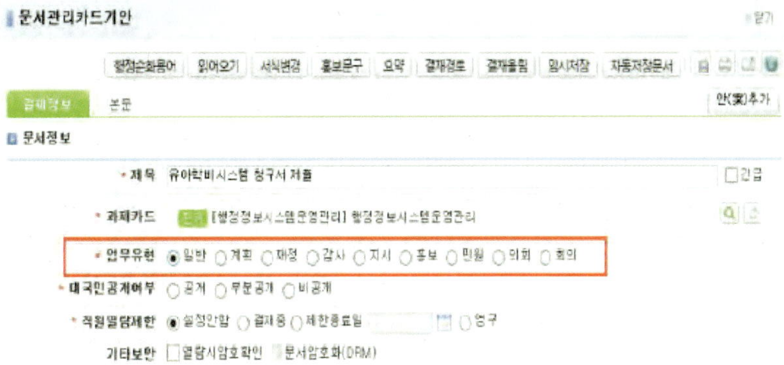


(4) 대국민공개여부 공개, 부분공개, 비공개 선택① → 목록공개여부 공개, 비공개 선택② →공개제한부분 선택③

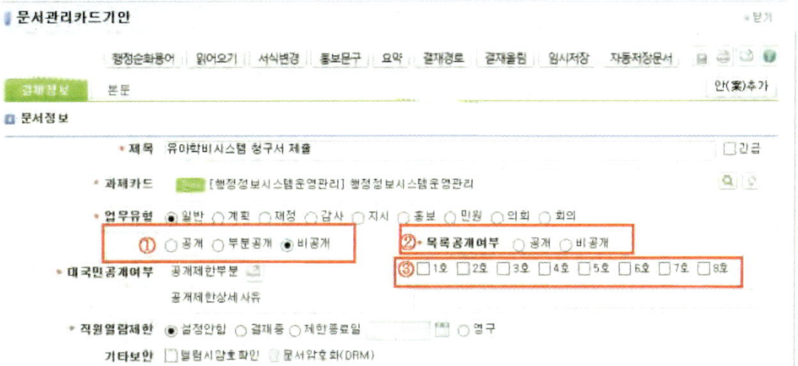

(5) 결재경로 지정① → 전결 선택② → 확인③

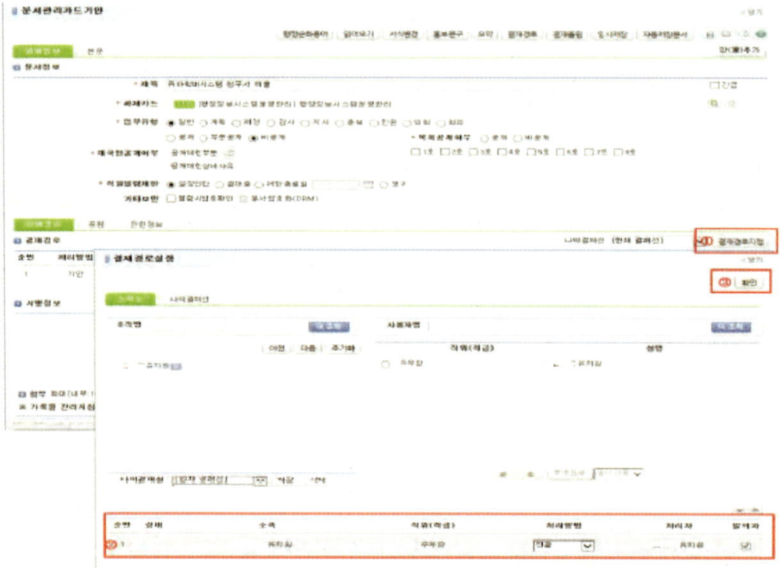

(6) 수신자 지정① → 수신자 구분 탭 선택② → 수신자 지정③ → 확인④

(7) 본문 탭 선택① → 공문 내용 수정② → 첨부파일 추가③ → 결재라인 직접수정④ → 결재올림⑤

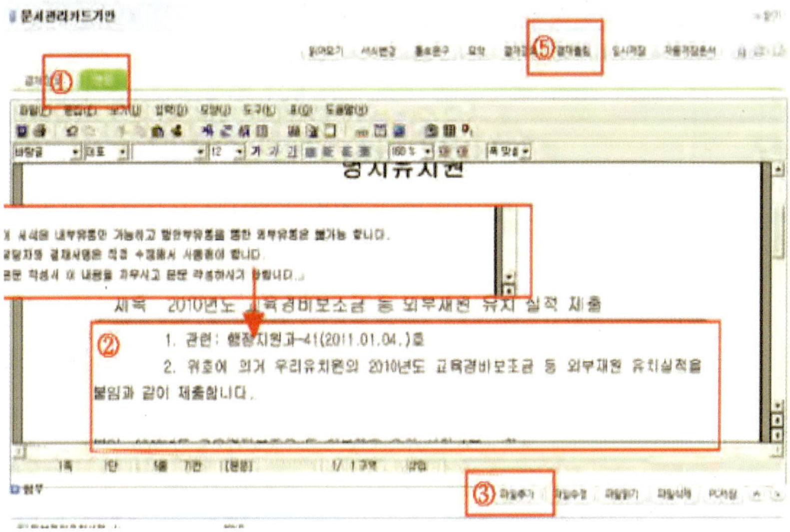

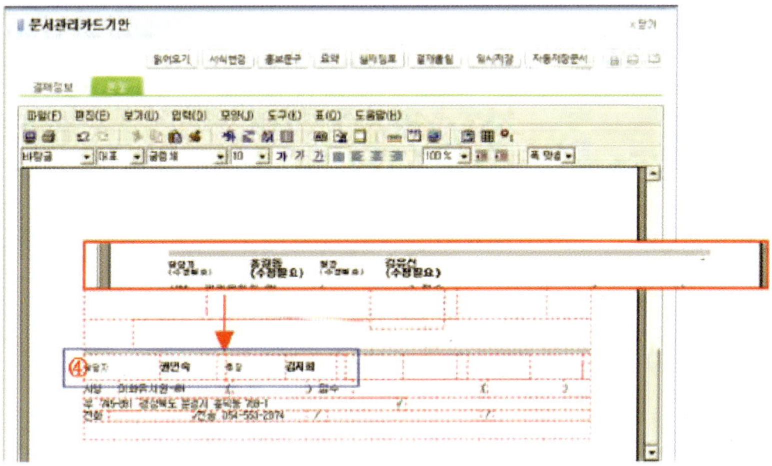

(8) 문서함 → 발송 → 발송대기함에서 해당문서 제목 클릭 → 발송처리① → 확인②

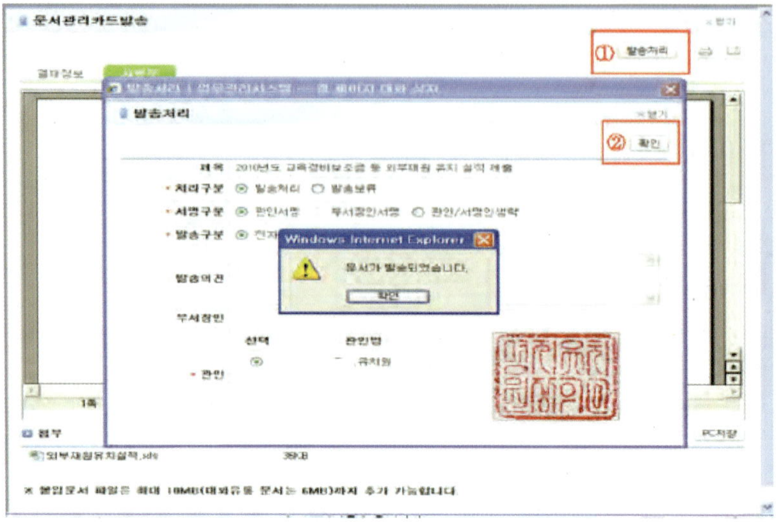


(9) 문서함 → 문서등록대장에서 확인 가능(문서관리 → 내문서함 → 기안한 문서에서도 확인 가능)

## 3) 공문서 유통(문서 접수)

온라인으로 공문서를 접수하는 과정은 다음과 같다.

### (1) 문서관리① → 접수함② → 접수대기③

### (2) 문서관리 → 접수함 → 접수대기① → 접수대기 문서 확인 가능② → 문서 제목 클릭

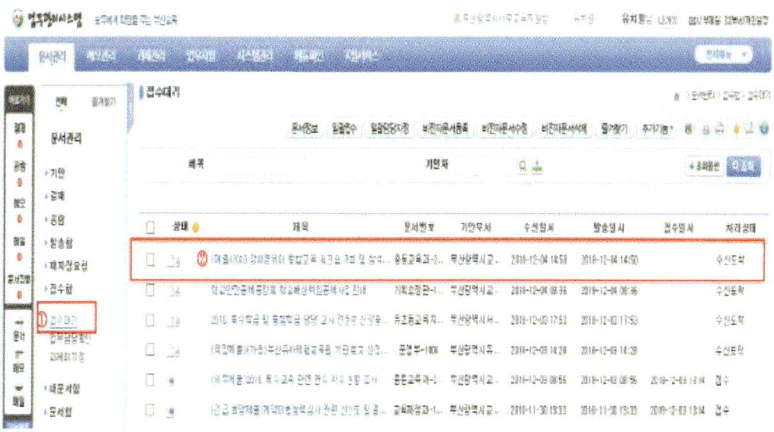

(3) 결재경로지정 클릭①

(4) 소속 사용자 클릭① → 아래로 이동② → 업무역할 “업무담당자”로 변경③ → 확인④

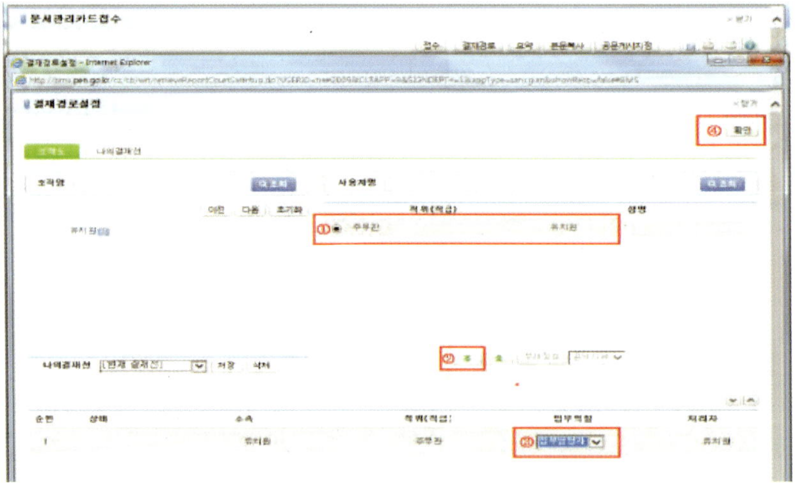

(5) 과제카드 입력① → 단위과제카드 선택② → 확인③

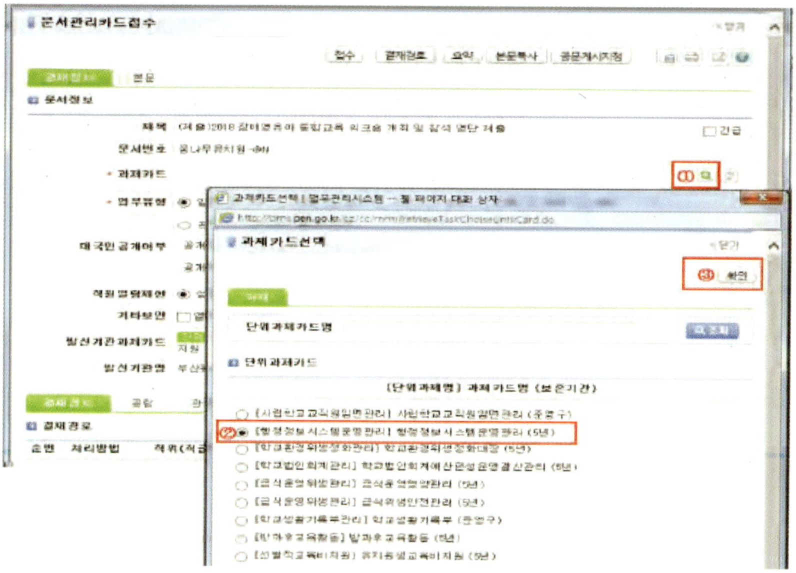

(6) 접수① → 확인②

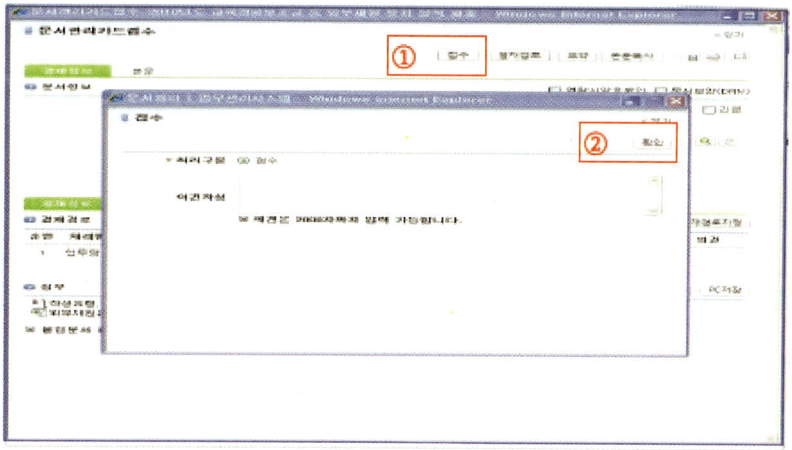

(7) 문서함 → 문서등록대장에서 확인 가능(문서관리 → 내문서함 → 접수한 문서에서도 확인 가능)

## 2. K-에듀파인

시 · 도교육청과 유 · 초 · 중등학교 교직원의 행정업무와 재정업무를 전자적으로 처리 · 지원하는 차세대 지방교육 행 · 재정통합시스템이다. K-에듀파인은 기존의 업무관리시스템과 회계관리 시스템인 에듀파인을 통합함으로써 수기 작업의 전자화, 대외기관 정보연계의 확대, 전자금융서비스를 고도화하고자 하였다.

### 1) k-에듀파인 접속

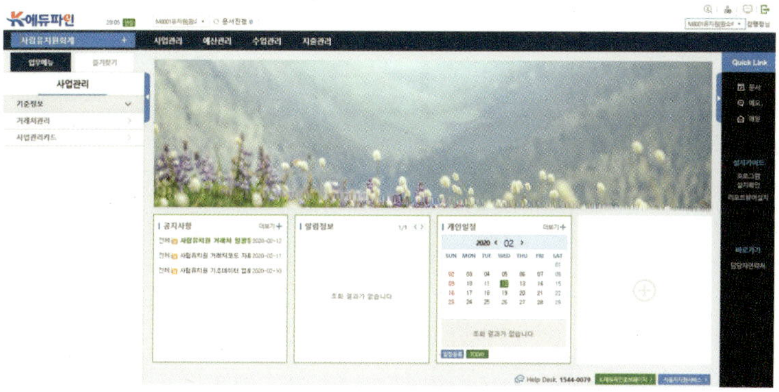

### 2) 업무관리 및 회계

우측을 살펴보면 업무관리 및 회계에 대한 내용을 찾아 진행할 수 있다.

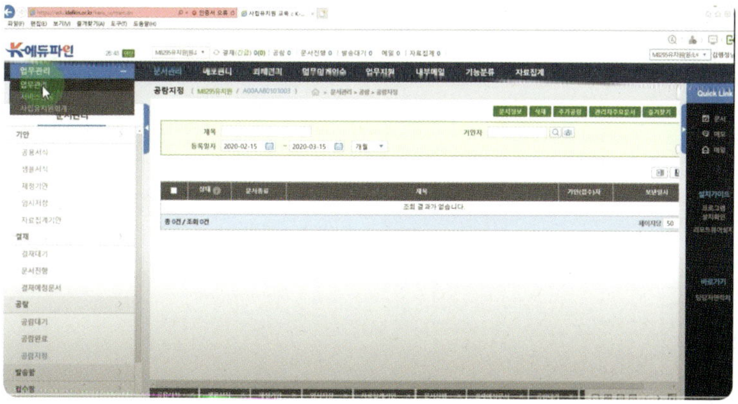

상단에 사업관리, 예산관리, 수입관리, 지출하기 관리를 할 수 있는 메뉴바가 있으며, 왼쪽 사업관리를 누르면 그에 관련된 관리를 할 수 있다.

### 3) 업무 효율

에듀파인에서 기존 문서작업 및 회계작업을 함께 진행할 수 있으며, 최대 10개의 창을 열어 진행할 수 있다. 이 외에 아래 제시되어 있는 것과 같이 개인설정에 들어가면 결재, 문서진행, 발송대기 등의 알림존을 통해 행정처리과정을 확인할 수 있다.

**토 론**

교직실무를 통해 알게 된 내용 외에 알고 싶은 주제가 있다면 적어 보세요.

# 참고문헌

경기도 김포 교육지원청 https://www.gpoe.kr/index.html?menuKey=320 사립유치원 행정 업무 길라잡이.

경기도 교육감(2018). 놀이 2019「놀이중심 교육과정 실천자료」. 경기도 교육청.

경기도 교육감(2019). 놀이 2019「놀이중심 교육과정 심화자료」. 경기도 교육청.

교육부(2020). 2020 유치원 생활기록부 기재요령. 교육부.

교육부 (2019). 개정 누리과정 해설서. 교육부.

교육부(2019). 2019년도 교원자격검정 실무편람.

김미경, 나유미, 이혜정(2016). 부모교육. 경기: 양성원.

김미경, 나유미, 박수진, 이혜정, 정경미(2018). 유아교육과정. 경기: 양성원.

김은심, 서동미, 엄은나, 이경미, 강정원, 김정미(2018). 유아 교사를 위한 교직실무. 서울: 학지사.

김정원, 김유정, 이효정(2009). 영유아를 위한 교수학습방법. 경기: 공동체.

나은숙, 윤희경, 오완숙, 문복진, 안혜진(2018). 영유아 교과교재 연구 및 지도법. 경기: 양서원.

류은석(2016). 유치원 현장 이해를 위한 교직실무. 경기: 공동체.

박은혜, 곽아정, 김난실, 김현주, 김희진, 유청옥, 이혜경(2019). 유치원 교사를 위한 교직실무. 서울: 창지사.

부산광역시 교육청(2018). 사립유치원 행정실무 가이드북. 부산광역시 교육청.

서울특별시 교육청(2018). 사립유치원 교원 인사 매뉴얼. 서울특별시 교육청.

서울특별시 교육청(2020). 2020 사례로 배우는 유치원 원격수업. 서울특별시 교육청.

서울특별시 교육청 유아교육진흥원(2020). 2020 유치원 평가 가이드북(교원용). 서울특별시 교육청 유아교육진흥원.

서울특별시 교육청 유아교육진흥원(2020). 제5주기('20~'22년) 유치원 평가 기본 계획. 서울특별시 교육청 유아교육진흥원.

이대균, 김주영, 임자영, 박지선(2015). 유치원 교사를 위한 교직실무. 경기: 양서원.

이대균, 송정원(2007). 최신 유아교육기관의 운영관리. 경기: 양서원.

이현정(2018). 유치원 교사를 위한 교직실무. 경기: 공동체.

이혜정(2019). 보육교사 인성론. 경기: 공동체.

이혜정, 임미혜(2016). 아동안전관리. 경기: 양성원.

유아교육진흥원 www.seoul-i.sen.go.kr

임미혜, 이혜정(2017). 유아건강교육. 경기: 양성원.

정미라, 이영미, 박수경, 이인용, 박희숙(2019). 유아교사를 위한 교직실무. 경기: 양서원.

# 정 답

## 1장

### p. 16 퀴즈 답 :

노동직관

### p. 19 퀴즈 답 :

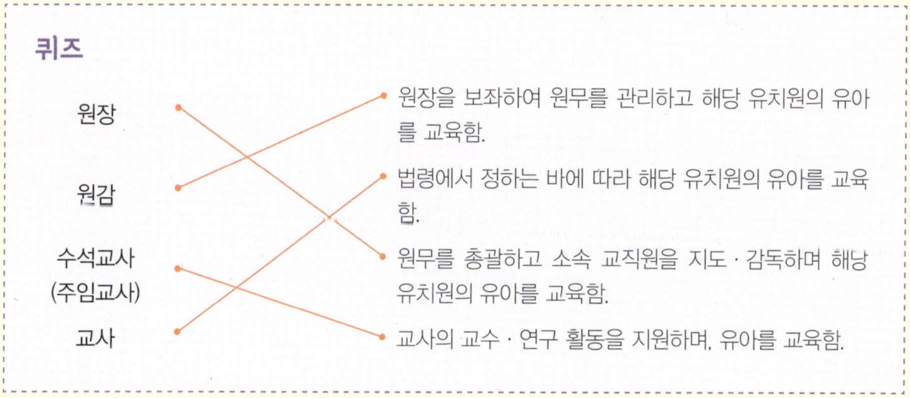


## 2장

### p. 35 토론 답 :

500원짜리 쿠폰이라 할지라도 직무관련성이 있는 부정청탁 사유에 해당되며, 금품 등 수수의 예외사유 중 하나인 원활한 직무수행을 위한 사유에 해당되지 않음. 즉, 학부모와 교사는 직접적인 직무이해관계로 대가성이 있을 수 있으므로 과태료 처분 대상이다.

## 5장

### p. 82 퀴즈 답 :

신체운동 · 건강, 의사소통, 예술경험, 자연탐구, 사회관계

## 저자소개


### 이혜정

- 총신대학교 유아교육전공(철학박사)
- 현) 백석문화대학교 유아교육과 교수

### 정경미

- 총신대학교 유아교육전공(철학박사)
- 현) 총신대학교 유아교육과 겸임교수
  더푸릇교육연구 대표

개정 누리과정과 유치원 평가를 기초로 한

교직실무

초판 1쇄 발행 2021년 7월 16일
초판 2쇄 발행 2023년 1월 16일

지 은 이 | 이혜정 · 정경미
펴 낸 이 | 김기섭
편 집 인 | 김도언
펴 낸 곳 | 창지사 www.changjisa.com
08589 서울시 금천구 가산디지털 1로 83 파트너스타워 1차 9층
전화 (02)719-2211~3
팩스 (02)701-9386
등 록 | 1977년 4월 28일 · 제1-421호



ISBN 978-89-426-1461-5 (93370)

값 17,000원